다문화가정과 함께하는

즐거운 한국어

국립국어원 기획 이선웅 외 집필

초급 1

Hawoo Publishing Inc.

발간사

우리는 이제 '다문화'라는 말이 더 이상 낯설지 않은 시대에 살고 있습니다. 2018년 12월호 출입국외국인정책 통계월보에 따르면 체류외국인은 2,367,607명인데 이는 2010년보다 2배 가까이 증가한 것입니다. 그런데 주목할 점은 다문화가정의 형태가 여성결혼이민자를 주요 가족 구성원으로 하는 획일적인 모습이 아니라 남성결혼이민자 가정이나 외국인 1인 가정 등으로 다양화되었다는 것입니다. 이에 다문화가정 대상 한국어 교재도 학습 대상자를 여성결혼이민자에 국한하지 않고 다문화가정의 남녀 성인 구성원으로 확대할 필요가 생겼습니다.

이에 국립국어원에서는 2017년 다문화가정 성인을 대상으로 한 한국어 교육 내용을 개발하였고, 2018년 시범 적용을 거쳐 초급 교재 4권, 중급 교재 4권을 출판하게 되었습니다. 교사용 지도서는 별도로 출판하지 않았지만 국립국어원 한국어교수학습샘터에 탑재해 현장 교사들이 무료로 이용할 수 있게 하였습니다.

이번 교재 개발에는 현장 경험이 많은 연구진이 집필자와 검토자로 참여하여 한국어 교육의 전문적 내용을 쉽고 친근하게 구성하였습니다. 특히 현장 시범 적용을 통해 교사와 학생의 의견을 폭넓게 수렴하기 위해 노력하였습니다. 또한 성적, 문화적 차별 요소가 없도록 내용을 구성하였고, 다문화가정 구성원이 이 사회에서 진취적으로 살아가는 모습을 담고자 하였습니다.

아무쪼록 '다문화가정과 함께하는 한국어'가 다문화가정 구성원이 한국어를 '즐겁고, 정확하게' 익힐 수 있는 길잡이가 되기를 바랍니다. 그래서 다문화가정 구성원이 한국 사회에 통합되어 안정적인 생활을 영위하는 데 도움이 될 수 있기를 바랍니다.

끝으로 새로운 교재의 개발을 위해 최선의 노력을 기울여 주신 교재 개발진과 출판사 관계자 분들에게 깊은 감사의 말씀을 드립니다.

2019년 1월

국립국어원장 소강춘

머리말

교통과 통신의 비약적인 발전에 따라 세계 여러 나라들의 교류가 크게 증가하고 있고, 그와 함께 한국에 정착해 사는 외국인들 역시 크게 늘어나고 있습니다. 한국에 이주해 한국인 배우자와 함께 사는 사람들, 직업 활동을 하면서 한국에 정착해 사는 외국인 부부들이 오랜 기간 동안 한국에 살면서 자녀를 낳아 기르고 있어 한국 사회도 점차 다문화 사회로 이행하고 있는 모습이 뚜렷이 나타나고 있습니다. 이는 한국의 국제적 위상이 점점 높아지고 있음을 간접적으로 보여 주는 바람직한 사회 현상이라고 생각합니다.

이 책은 이와 같은 시대적 흐름에 발맞추어 국립국어원에서 발주한 사업인 2017년 다문화가정 교재 개발 사업의 결과물로서 다문화가정 구성원들이 한국 문화를 이해하는 바탕 위에서 구어와 문어 영역에서 고른 수준의 한국어를 구사할 수 있도록 구성되었습니다. 또한 날이 갈수록 다문화가정 구성원들의 사회 활동이 늘고 있고 성 평등 의식도 높아져 가고 있으므로, 학습자들이 한국 사회의 일원으로서 확고한 정체성을 지니고 가족생활, 이웃과의 교류, 직업 활동을 포함한 여러 사회생활에서 필요한 한국어를 자연스럽게 구사할 수 있도록 하였습니다. 학습자들이 한국 사회에 대한 적응이라는 수동적 태도에서 나아가 한국 사회를 함께 이끌어 간다는 능동적 태도를 지니고 살아갈 수 있도록 내용을 구성하였습니다.

이 책은 본래 2008년에 국립국어원에서 발주하여 2010년에 출판된 "결혼 이민자와 함께하는 한국어"의 개정판으로 기획되었으나, 그동안 한국어 교육계에서 발전되어 온 교육 방법론을 최대한 반영하고자 그때의 교재와는 구성 체제를 사뭇 달리하였습니다. 가장 큰 차이점은 성격이 다른 두 권으로 주 교재를 나눈 것입니다. "다문화가정을 위한 즐거운 한국어"는 구어 위주의 과제 활동이 더 많도록 구성하였고 "다문화가정을 위한 정확한 한국어"는 문어 위주의 형태 연습이 더 많도록 구성하였습니다. 곧 "정확한 한국어"는 부교재로 취급받던 기존 워크북의 내용을 더욱 풍부하게 하여 "즐거운 한국어"에 버금가는 주 교재로 집필된 것입니다. 두 책을 유기적으로 연결하여 교수 · 학습한다면 유창성과 정확성을 고루 갖출 수 있을 것이라고 생각합니다.

아무쪼록 모든 다문화가정 구성원들이 이 책으로 한국어와 한국 문화를 열심히 공부하여 한국 사회의 성공적인 일원이 될 수 있기를 기원합니다.

2019년 1월

저자를 대표하여 이선웅 적음.

일러두기

제목 및 삽화

각 과의 제목 에서는 해당 과의 내용을 압축하였고 삽화를 통하여 학습할 과제 상황을 추측할 수 있도록 하였다. 따라 하세요 에서는 억양과 발음에 주의를 기울여야 할 표현을 모아 연습할 수 있도록 하였다. 또한 삽화 상황 안에서 접할 수 있는 다양한 생활용품 어휘를 '그림 사전' 형식(참고 어휘)으로 제시하여 학습자들이 생활에서 접하는 어휘를 자연스럽게 접할 수 있도록 하였다.

준비

준비 부분에서는 각 과의 과제를 수행하기 위하여 필요한 문법을 이해하고 연습할 수 있도록 하였다. 또한 교재 주인공들이 등장하는 삽화를 통하여 학습할 문법의 의미와 문법을 사용하는 상황을 쉽게 이해할 수 있도록 하였다. 삽화 옆 부분에서는 문법의 형태 활용표와 예문을 함께 제시하였다. 활용 에서는 학습한 문법을 실제 상황에서 사용해 보는 연습을 할 수 있도록 하였다.

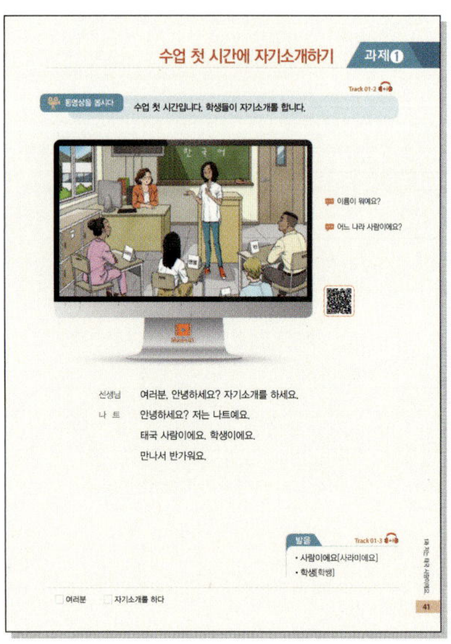

과제

과제 부분에서는 학습한 어휘와 문법을 사용하여 주어진 상황의 과제를 수행해 볼 수 있다. 먼저 동영상을 봅시다 를 통하여 동영상을 보면서 주어진 과제를 이해하고 본문에서 확인해 볼 수 있도록 하였다. 또한 발음 에서는 어려운 발음을 연습해 볼 수 있도록 했으며, 어휘 에서는 과제를 수행하는 데 필요한 어휘를 제시하였다.

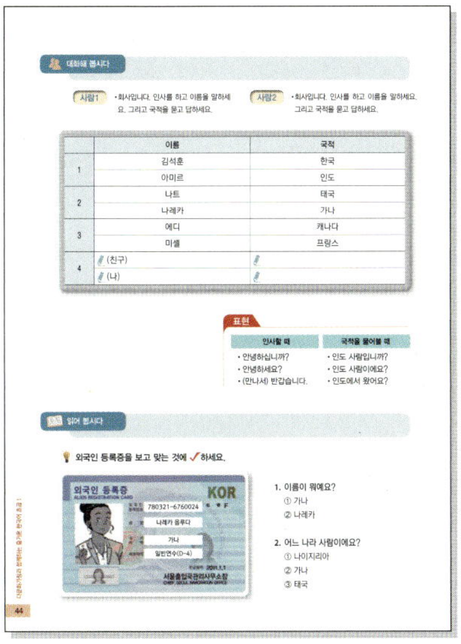

대화해 봅시다 에서는 학습한 과제를 다양한 상황에 적용해 연습해 보고 자신의 이야기나 생각으로 바꾸어 말해 볼 수 있도록 하였다. **표현** 에서는 과제 수행 시 필요한 다양한 표현을 제시하였으며 학습자의 수준이나 상황에 따라 선택적으로 사용해 볼 수 있도록 하였다. 또한 학습한 과제를 **들어 봅시다** / **읽어 봅시다** / **써 봅시다** / **말해 봅시다** 를 통하여 말하기, 듣기, 읽기, 쓰기 등 다른 기능으로 확장해 볼 수 있도록 하였다.

도전

도전 부분에서는 각 과의 과제와 관련된 다양한 활동들을 제시함으로써 학습자들의 수준이나 시간에 따라 선택적으로 심화 과제를 수행해 볼 수 있도록 하였다.

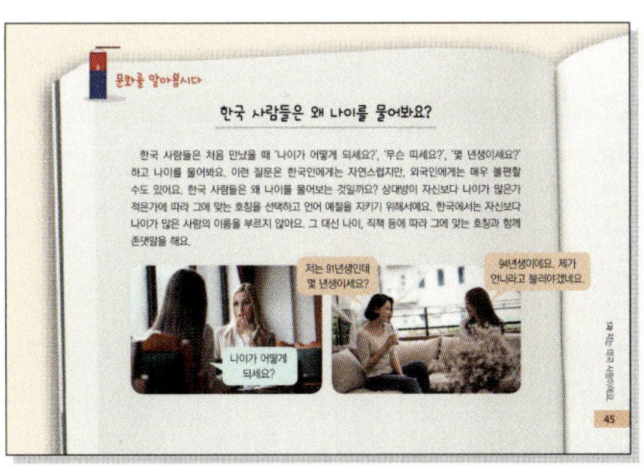

문화

문화를 알아봅시다 부분에서는 각 과의 주제와 관련 있는 문화 내용을 이해하고 이야기해 볼 수 있도록 하였다.

교재 구성표

과	주제	기능	문법		어휘	문화
1	인사	수업 첫 시간에 자기소개하기 처음 만난 사람과 인사 나누기	은/는 이에요/예요 은/는 입니다, 입니까? 이/가 아니에요	이/가 아닙니다	이름 국적 직업	한국 사람들은 왜 나이를 물어봐요?
2	교실	교실 물건 말하기 물건 위치 말하기	이/가 에 있어요/없어요 이, 그, 저 하고	이거, 그거, 저거 와/과, (이)랑	사물	한국을 상징하는 것은 뭐예요?
3	위치	장소의 위치 물어보기 1 장소의 위치 물어보기 2	-습니다, -습니까? 을/를 의	제, 내, 네	장소와 위치	교통안전 표지판의 뜻을 알아요?
4	일상생활	오늘 일과 묻고 답하기 주말 일과 묻고 답하기	-아/어요 에 가다/오다 에서		기본 동사	한국 사람들은 왜 '빨리빨리'라고 해요?
5	한국 생활	한국 생활에 대해 묻고 답하기 한국어 공부에 대해 묻고 답하기	-고 ㅂ 불규칙 이/가 어때요?		기본 형용사 1	정말 사계절이 있어요?
6	날짜와 요일	생일 파티에 친구 초대하기 일정 묻고 답하기	날짜/요일 에 안	-지 않다	숫자 날짜와 시간	한국 사람들은 생일이 두 개예요?
7	식당	식당에서 주문하기 식당에서 음식 더 주문하기	-(으)세요 숫자, 단위 명사 도	ㄹ 탈락	음식 단위 명사	숟가락, 젓가락을 사용해요.
8	장보기	시장에서 채소 사기 분식집에서 음식 주문하기	-아/어 주세요 -고 -네요	-(는)군요	시장 채소와 과일	지폐 속의 사람은 누구예요?
	보충·복습		만, -(으)십시오			

과	주제	기능	문법		어휘	문화
9	지난 주말	지난 주말에 한 일 이야기하기 어제 한 일 이야기하기	-았/었- -아/어서 1 ㄷ 불규칙		취미 활동	한국 사람들은 등산을 좋아해요?
10	주말 계획	연휴 계획 이야기하기 장소에 가는 목적 말하기	-(으)ㄹ 거예요 1 -거나 -(으)러 가다/오다		시간 부사	한국 사람들은 주말에 뭐 해요?
11	교통수단	교통편과 소요 시간 묻기 교통편 묻고 답하기	-(으)려고 하다 (으)로 1 에서 까지		교통수단 교통 이용 장소	교통 카드 하나로 뚝딱!
12	능력	한국 생활에 대해 묻고 답하기 능력 묻고 답하기	-지만 -(으)ㄹ 수 있다/없다 못	-지 못하다	한국 생활	한국 사람들은 노래를 정말 좋아해요.
13	선물	선물 살 곳에 대해 조언 구하기 선물에 대해 조언해 주기	-고 싶다 -(으)ㄴ -아/어서 2	-고 싶어 하다 ㅎ 불규칙	기본 형용사 2 색깔	선물로 돈을 주나요?
14	우체국	소포 포장 방법에 대해 묻기 소포 보내는 방법 묻기	에게/한테/께 -(으)면 -아/어야 하다(/되다)	에게서/한테서/께	우체국	우체국에서는 무엇을 해요?
15	병원	약국에서 약 사기 병원에서 증상 말하기	-지 마세요 -아/어도 되다 -(으)ㄴ 후에/다음에	으 탈락 후에, 다음에	신체 부위 증상과 약	내과에 가도 돼요?
16	약속	약속 제안하기 약속 날짜 정하기	-(으)ㄹ까요? 1 -(으)ㅂ시다 -(으)니까 1 -(으)ㄹ게요		의문사 약속	한국 사람들은 모두 축구를 좋아해요?
	보충 · 복습		에서부터, 부터, 께서, -(으)ㄴ 뒤에			

등장인물

한국어 선생님

이지영(45세)
한국

에디(30세)
캐나다

나레카(25세)
가나

자가(25세)
몽골

아미르 칸(29세)
인도(석훈의 회사 후배)

김석훈(31세)
한국

나트 차타나(24세)
태국

김태한

엔젤(35세)
필리핀

미셸(40세)
프랑스

박유미(38세)
한국(나트의 이웃)

사만나(8세)
초등학생

목차

발간사 2

머리말 3

일러두기 4

교재 구성표 6

한글 12

1과 저는 태국 사람이에요. 36

2과 교실에 시계가 있어요? 46

3과 화장실이 어디에 있어요? 56

4과 주말에는 보통 집에서 쉬어요. 66

5과 한국 생활이 어때요? 76

6과 제 생일은 6월 11일이에요. 86

7과 불고기 이 인분 주세요. 96

8과 좀 깎아 주세요. 106

9과 주말에 친구하고 등산했어요. 116

10과 가족과 놀이공원에 갈 거예요. 126

11과 터미널에 어떻게 가요? 136

12과 김치를 만들 수 있어요. 146

13과 가족들에게 선물을 보내고 싶어요. 156

14과 이 소포를 필리핀에 보내고 싶어요. 166

15과 머리가 아파요. 176

16과 같이 영화 보러 갈까요? 186

모범 답안 196

듣기 지문 200

문화 번역 204

단어장 212

한글

모음①

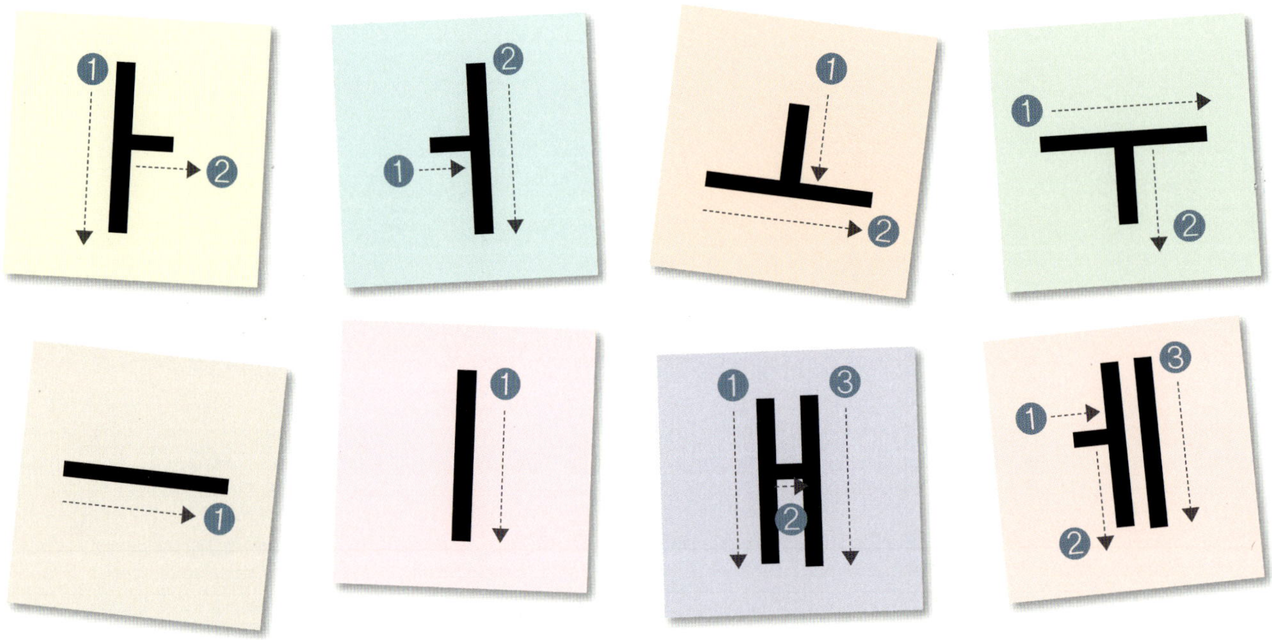

1. 모음을 듣고 따라 하세요. Track 00-1

ㅏ ㅓ ㅗ ㅜ ㅡ ㅣ ㅐ ㅔ

2. 듣고 맞는 것을 고르세요. Track 00-2

1) ① ㅏ ② ㅗ

2) ① ㅏ ② ㅜ

3) ① ㅔ ② ㅣ

4) ① ㅓ ② ㅗ

5) ① ㅗ ② ㅜ

6) ① ㅡ ② ㅣ

1. 듣고 따라 하세요. 그리고 따라 쓰세요.

Track 00-3

	ㅏ	ㅓ	ㅗ	ㅜ	ㅡ	ㅣ	ㅐ	ㅔ
ㅇ	아	어	오	우	으	이	애	에
ㄱ	가	거	고	구	그	기	개	게
ㄴ	나	너	노	누	느	니	내	네
ㄷ	다	더	도	두	드	디	대	데
ㄹ	라	러	로	루	르	리	래	레
ㅁ	마	머	모	무	므	미	매	메
ㅂ	바	버	보	부	브	비	배	베
ㅅ	사	서	소	수	스	시	새	세
ㅈ	자	저	조	주	즈	지	재	제
ㅎ	하	허	호	후	흐	히	해	헤

2. 읽어 보세요.

	아이		오이
	오리		아버지
	어머니		가구
	고기		구두
	나라		나무
	누나		다리
	머리		모자
	비		바지
	버스		주스
	하마		새
	해		게

3. 듣고 맞는 것을 고르세요.

Track 00-4

1) ① 가 ② 아

2) ① 가 ② 나

3) ① 다 ② 라

4) ① 마 ② 바

5) ① 사 ② 자

6) ① 다 ② 하

4. 듣고 자음 글자를 쓰세요.

Track 00-5

1) ㅔ

2) ㅗ ㅣ

3) ㅓ ㅡ

4) ㅓ ㅓ ㅣ

5) ㅜ ㅜ

6) ㅏ ㅜ

7) ㅜ ㅡ

8) ㅐ

5. 듣고 글자를 쓰세요.

Track 00-6

1)

2)

3)

4)

5)

6)

7)

8)

모음❷

1. 듣고 따라 하세요. 그리고 따라 쓰세요.

Track 00-7

	ㅏ	ㅑ	ㅓ	ㅕ	ㅗ	ㅛ	ㅜ	ㅠ	ㅐ	ㅒ	ㅔ	ㅖ
ㅇ	아	야	어	여	오	요	우	유	애	얘	에	예
ㄱ	가	갸	거	겨	고	교	구	규	개	걔	게	계
ㄴ	나	냐	너	녀	노	뇨	누	뉴	내	냬	네	녜
ㄷ	다	댜	더	뎌	도	됴	두	듀	대	댸	데	뎨
ㄹ	라	랴	러	려	로	료	루	류	래	럐	레	례
ㅁ	마	먀	머	며	모	묘	무	뮤	매	먜	메	몌
ㅂ	바	뱌	버	벼	보	뵤	부	뷰	배	뱨	베	볘
ㅅ	사	샤	서	셔	소	쇼	수	슈	새	섀	세	셰
ㅈ	자	쟈	저	져	조	죠	주	쥬	재	쟤	제	졔
ㅎ	하	햐	허	혀	호	효	후	휴	해	햬	헤	혜

2. 읽어 보세요.

	야구		여자
	벼	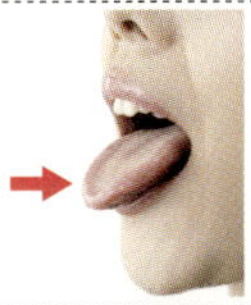	혀
	요리		교사
	우유		휴지
	얘기		세계

3. 듣고 맞는 것을 고르세요.

Track 00-8

1) ① 바 ② 벼

2) ① 투 ② 튜

3) ① 고 ② 교

4) ① 에 ② 예

5) ① 애 ② 얘

6) ① 서 ② 셔

4. 듣고 글자를 쓰세요.

Track 00-9

1)

2)

3)

4)

5)

6)

자음❷

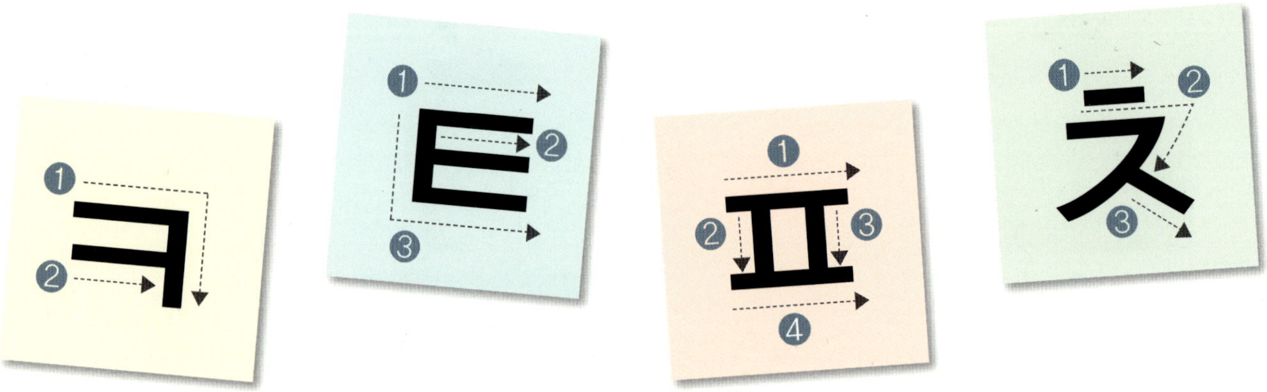

1. 듣고 따라 하세요. 그리고 따라 쓰세요.

Track 00-10

	ㅏ	ㅑ	ㅓ	ㅕ	ㅗ	ㅛ	ㅜ	ㅠ	ㅡ	ㅣ
ㄱ	가	갸	거	겨	고	교	구	규	그	기
ㅋ	카	캬	커	켜	코	쿄	쿠	큐	크	키
ㄷ	다	댜	더	뎌	도	됴	두	듀	드	디
ㅌ	타	탸	터	텨	토	툐	투	튜	트	티
ㅂ	바	뱌	버	벼	보	뵤	부	뷰	브	비
ㅍ	파	퍄	퍼	펴	포	표	푸	퓨	프	피
ㅈ	자	쟈	저	져	조	죠	주	쥬	즈	지
ㅊ	차	챠	처	쳐	초	쵸	추	츄	츠	치

2. 읽어 보세요.

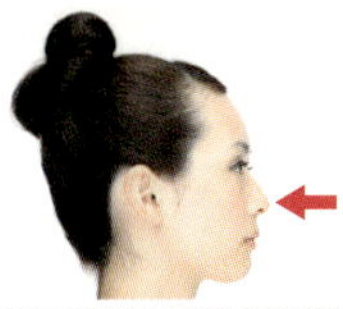	코		스키
	커피		카메라
	케이크		기타
	도토리		토마토
	테니스		파
	표		피
	포도		차
	고추		치마

3. 듣고 맞는 것을 고르세요. Track 00-11

1) ① 타 ② 카

2) ① 파 ② 차

3) ① 가 ② 카

4) ① 다 ② 타

5) ① 바 ② 파

6) ① 자 ② 차

4. 듣고 자음 글자를 쓰세요. Track 00-12

1)	ㅗ		
2)	ㅡ	ㅣ	
3)	ㅣ	ㅏ	
4)	ㅗ	ㅗ	
5)	ㅔ	ㅣ	ㅡ
6)	ㅔ	ㅣ	ㅡ

5. 듣고 글자를 쓰세요. Track 00-13

1)			
2)			
3)			
4)			
5)			
6)			

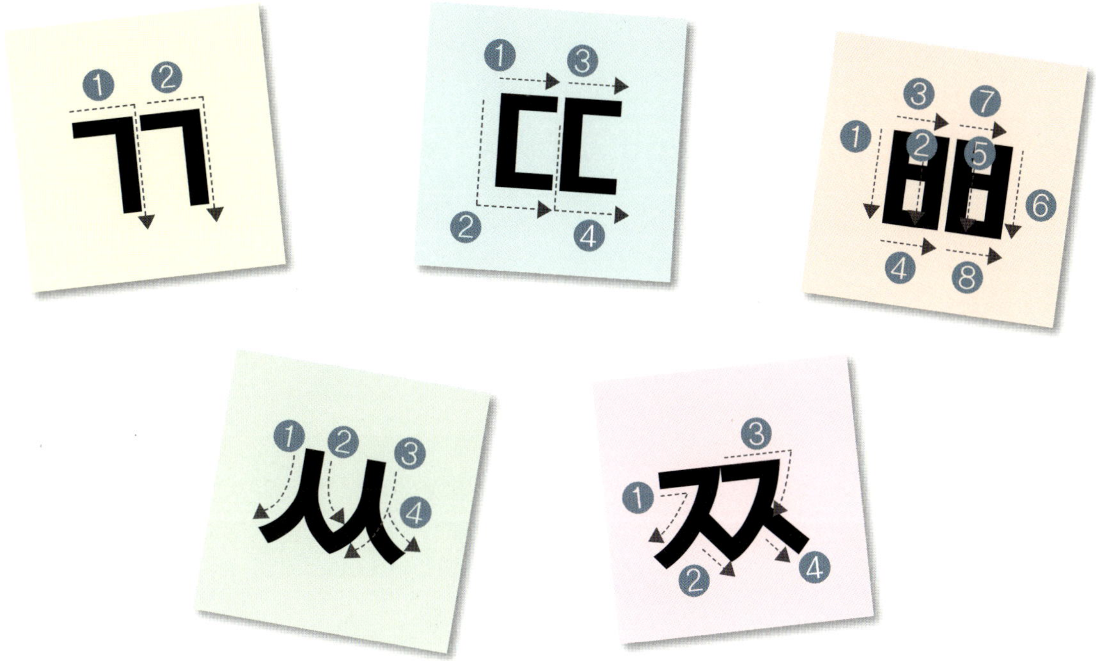

1. 듣고 따라 하세요. 그리고 따라 쓰세요.

Track 00-14

	ㄱ	ㄲ	ㄷ	ㄸ	ㅂ	ㅃ	ㅅ	ㅆ	ㅈ	ㅉ
ㅏ	가	까	다	따	바	빠	사	싸	자	짜
ㅓ	거	꺼	더	떠	버	뻐	서	써	저	쩌
ㅗ	고	꼬	도	또	보	뽀	소	쏘	조	쪼
ㅜ	구	꾸	두	뚜	부	뿌	수	쑤	주	쭈
ㅡ	그	끄	드	뜨	브	쁘	스	쓰	즈	쯔
ㅣ	기	끼	디	띠	비	삐	시	씨	지	찌

2. 읽어 보세요.

	어깨		토끼
	까치		꼬리
	띠		따다
	뜨다		머리띠
	아빠		오빠
	뿌리		뽀뽀
	싸다		쓰다
	아저씨		비싸다
	가짜	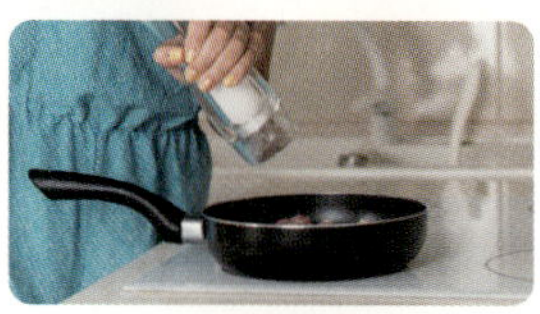	짜다
	찌다		찌개

3. 듣고 맞는 것을 고르세요.

Track 00-15

1) ① 까 ② 빠

2) ① 따 ② 짜

3) ① 싸 ② 짜

4) ① 쁘 ② 쯔

5) ① 쯔 ② 쓰

6) ① 뜨 ② 쓰

4. 듣고 맞는 것을 고르세요.

Track 00-16

1) ① 가 ② 카 ③ 까

2) ① 다 ② 타 ③ 따

3) ① 바 ② 파 ③ 빠

4) ① 사 ② 싸

5) ① 자 ② 차 ③ 짜

5. 듣고 자음 글자를 쓰세요.

Track 00-17

1) ㅓ ㅐ

2) ㅏ ㅏ

3) ㅡ ㅏ

4) ㅗ ㅣ

5) ㅓ ㅣ ㅣ

6) ㅣ ㅐ

7) ㅗ ㅗ

8) ㅣ ㅏ ㅏ

6. 듣고 글자를 쓰세요.

Track 00-18

1)

2)

3)

4)

5)

6)

7)

8)

1. 듣고 따라 하세요. 그리고 따라 쓰세요.

Track 00-19

	ㅘ	ㅝ	ㅟ	ㅢ	ㅙ	ㅞ	ㅚ
ㅇ	와	워	위	의	왜	웨	외
ㄱ	과	궈	귀	긔	괘	궤	괴
ㄴ	놔	눠	뉘	늬	놰	눼	뇌
ㄷ	돠	둬	뒤	듸	돼	뒈	되
ㄹ	롸	뤄	뤼	릐	뢔	뤠	뢰
ㅁ	뫄	뭐	뮈	믜	뫠	뭬	뫼
ㅂ	봐	붜	뷔	븨	봬	붸	뵈
ㅅ	솨	숴	쉬	싀	쇄	쉐	쇠
ㅈ	좌	줘	쥐	즤	좨	줴	죄
ㅎ	화	훠	휘	희	홰	훼	회

2. 읽어 보세요.

	사과		과자
	화가		와이셔츠
	뭐	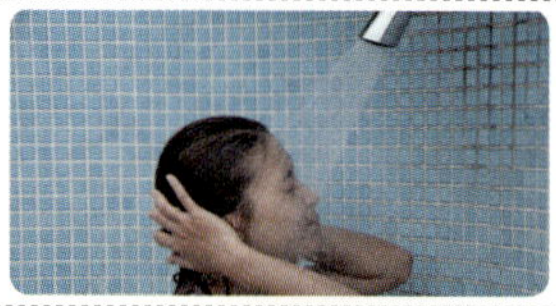	샤워
	줘요		추워요
	왜		돼지
	스웨터		웨이터
	쇠고기		회사
	귀		쥐
	가위		바위
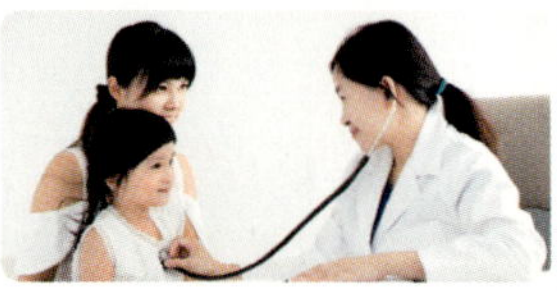	의사		의자
	주의		회의

3. 듣고 맞는 것을 고르세요.

Track 00-20

1) ① 오아 ② 와
2) ① 우어 ② 워
3) ① 와 ② 왜
4) ① 웨 ② 위
5) ① 웨 ② 위
6) ① 외 ② 의
7) ① 와 ② 왜
8) ① 위 ② 의

4. 듣고 모음 글자를 쓰세요.

Track 00-21

1) | ㄱ |
2) | ㅇ | ㅅ |
3) | ㄱ | ㅇ |
4) | ㅅ | ㅇ |
5) | ㅊ | ㅇ | ㅇ |
6) | ㅅ | ㄱ |
7) | ㅈ | ㅇ |
8) | ㄱ | ㅈ |

5. 듣고 글자를 쓰세요.

Track 00-22

1) | |
2) | | |
3) | | |
4) | |
5) | | |
6) | | |
7) | | | |
8) | | | | |

받침❶

안 암 알 앙

● 받침은 이렇게 써요.

안 올 — 모음 + 자음(받침)

검 능 — 자음 + 모음 + 자음(받침)

안 (O) 능 (O)

아 ㄴ (X) 누 ㅇ (X)

1. 듣고 따라 하세요.

Track 00-23

소리	받침	따라 하세요.						
[ㄴ]	ㄴ	안	간	논	돈	문	반	산
[ㄹ]	ㄹ	알	날	달	물	불	술	쌀
[ㅁ]	ㅁ	암	감	솜	점	춤	참	품
[ㅇ]	ㅇ	앙	강	봉	성	정	콩	총

2. 읽어 보세요.

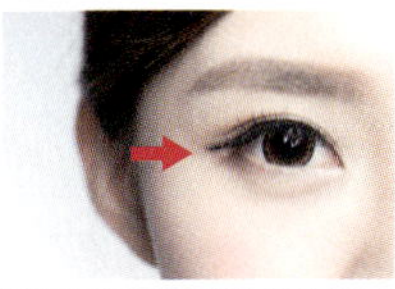	눈		돈
	우산		신문
	물		딸기
	얼굴		연필
	감		엄마
	김치		컴퓨터
	공		가방
	병원		냉장고

3. 듣고 맞는 것을 고르세요.

Track 00-24

1) ① 안 ② 알

2) ① 암 ② 앙

3) ① 온 ② 옴

4) ① 올 ② 옹

5) ① 곰 ② 공

6) ① 단 ② 당

7) ① 날 ② 남

8) ① 랄 ② 란

4. 듣고 받침 글자를 쓰세요.

Track 00-25

1) 바

2) 시 무

3) 나 자

4) 하 그

5) 비 해 기

6) 고

7) 내 자 고

8) 화 자 시

5. 듣고 받침 글자를 쓰세요.

Track 00-26

1)

2)

3)

4)

5)

6)

7)

8)

받침 ❷

악 앜 앆 압 앞

앋 앝 앗 았 앚 앛 앟

1. 듣고 따라 하세요.

Track 00-27

소리	받침	따라 하세요.						
[ㄱ]	ㄱ ㅋ ㄲ	악	앜	앆	박	밖	억	엌
[ㄷ]	ㄷ ㅌ ㅅ ㅆ ㅈ ㅊ ㅎ	앋 낟	앝 낱	앗 낫	았 났	앚 낮	앛 낯	앟 낳
[ㅂ]	ㅂ ㅍ	압	앞	업	엎	밥	숩	숲

2. 〈보기〉와 같이 자음과 모음 글자를 함께 써 보세요.

보기

ㄱ + ㅗ + ㄱ = 곡

1) ㅇ + ㅓ + ㅋ =

2) ㅂ + ㅏ + ㄲ =

3) ㅈ + ㅐ + ㅂ =

4) ㅅ + ㅜ + ㅍ =

5) ㄷ + ㅡ + ㄷ =

6) ㅍ + ㅏ + ㅌ =

7) ㅇ + ㅔ + ㅅ =

8) ㄱ + ㅏ + ㅆ =

9) ㅊ + ㅏ + ㅈ =

10) ㅁ + ㅣ + ㅊ =

11) ㄹ + ㅓ + ㅎ =

12) + + =

3. 읽어 보세요.

	책		가족
	부엌		밖
	밥		지갑
	앞	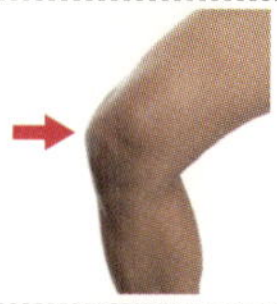	무릎
	듣다		밑
	옷	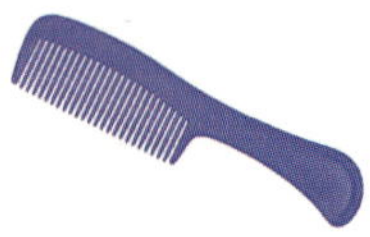	빗
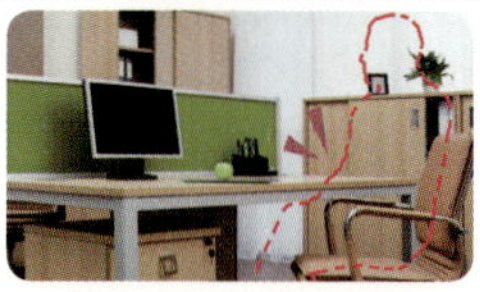	갔다		늦다
	꽃	ㅎ	히읗

4. 듣고 맞는 것을 고르세요.

Track 00-28

1) ① 독 ② 돈

2) ① 갈 ② 감

3) ① 짐 ② 집

4) ① 억 ② 얼

5) ① 낙 ② 낮

6) ① 덮 ② 덩

7) ① 공 ② 곳

8) ① 빕 ② 빛

5. 듣고 받침 글자를 골라서 쓰세요. Track 00-29

1) 고 (ㄱ, ㄷ, ㅂ)

2) 하 (ㄱ, ㅅ, ㅇ) 새 (ㄱ, ㅅ, ㅇ)

3) 다 (ㄴ, ㅁ, ㅊ)

4) 부 어 (ㅋ, ㅂ, ㅅ)

5) 하 (ㄴ, ㄹ, ㅂ) 구 (ㄱ, ㄷ, ㅍ)

6) 채 (ㄱ, ㅂ, ㄷ) 사 (ㄴ, ㅁ, ㅇ)

7) 비 비 (ㅁ, ㅈ, ㄲ) 바 (ㄴ, ㅂ, ㅌ)

8) 나 (ㄱ, ㅇ, ㅈ) 자 (ㄴ, ㄹ, ㅁ)

9) 오 (ㅅ, ㅂ, ㅇ)

10) 느 (ㄴ, ㅈ, ㄹ) 다

11) 아 (ㅁ, ㅍ, ㅌ)

12) 가 (ㄴ, ㅇ, ㅆ) 다

동영상을 봅시다
1
5
4
6
3
한 국
나레카
엔젤

1

저는 태국 사람이에요.

여기는 어디예요?

지금 뭐해요?

처음 만나면 뭐라고 해요?

따라 하세요

Track 01-1

- 안녕하세요?
- 만나서 반가워요.
- 아, 만나서 반갑습니다.

❶ 창문	❷ 문	❸ 이름표	❹ 컴퓨터
❺ 텔레비전	❻ 사물함	❼ 교탁	❽ 화분

준비 ❶ 은/는 이에요/예요

예문

- 자가예요.
- 몽골 사람이에요.

형태

예요	이에요
자가예요.	엔젤이에요.

예문

- 저는 자가예요.
- 마이클은 미국 사람이에요.

형태

는	은
저는	마이클은

활용 처음 만났어요. 인사하고 자기소개를 하세요.

이름	에디	자가	나레카	(나)
나라	캐나다	몽골	가나	

은/는 입니다, 입니까?

예문

- 저는 인도 사람입니다.
- 자가 씨는 몽골 사람입니까?

형태

입니다	입니까?
자가입니다.	학생입니까?

활용 친구들은 무슨 일을 해요? 이야기해 보십시오.

이름	미셸	나트	아미르	엔젤
직업	요리사	학생	회사원	주부

가: 미셸 씨는 요리사입니까?

나: 네, 요리사입니다.

준비 3 이/가 아니에요

예문

- 가: 요리사예요?
  나: 아니요, 요리사가 아니에요.
- 가: 몽골 사람이에요?
  나: 아니요, 몽골 사람이 아니에요.

형태

가 아니에요	이 아니에요
주부가 아니에요.	회사원이 아니에요.

활용 친구는 어느 나라 사람이에요? 이야기해 보세요.

이름	에디	자가	나레카	엔젤
나라	프랑스?	중국?	나이지리아?	베트남?

가: 에디 씨는 프랑스 사람이에요?
나: 아니요, 프랑스 사람이 아니에요.
에디 씨는 캐나다 사람이에요.

수업 첫 시간에 자기소개하기 과제 ①

Track 01-2

동영상을 봅시다 수업 첫 시간입니다. 학생들이 자기소개를 합니다.

- 이름이 뭐예요?
- 어느 나라 사람이에요?

선생님	여러분, 안녕하세요? 자기소개를 하세요.
나 트	안녕하세요? 저는 나트예요. 태국 사람이에요. 학생이에요. 만나서 반가워요.

발음 Track 01-3

- 사람이에요[사라미에요]
- 학생[학쌩]

여러분 자기소개를 하다

대화해 봅시다

사람1 • 수업 첫 시간입니다. 자기소개를 하세요. 인사를 하고 이름, 국적, 직업을 말하세요.

	이름	나라	직업
1	나트	태국	학생
2	미셸	프랑스	요리사
3	아미르	인도	회사원
4	모아나	필리핀	의사
5	토니	캐나다	기술자
6			

표현

이름을 말할 때	국적을 말할 때
• 저는 엔젤이에요. • 제 이름은 엔젤이에요.	• 필리핀 사람이에요. • 필리핀에서 왔어요.

들어 봅시다

수업 첫 시간에 자기소개를 합니다. 다음을 잘 듣고 질문에 답하세요. Track 01-4

국적	캐나다		태국	
직업		요리사		경찰

처음 만난 사람과 인사 나누기 과제 ②

Track 01-5

동영상을 봅시다 나레카 씨와 쇼카 씨가 회사에서 서로 인사를 나누고 국적을 묻고 답합니다.

- 여기는 어디예요?
- 두 사람은 뭐 해요?

나레카　안녕하십니까? 나레카입니다.

쇼　카　안녕하세요? 쇼카입니다.

나레카　쇼카 씨, 혹시 방글라데시 사람입니까?

쇼　카　아니요, 저는 방글라데시 사람이 아닙니다.
캄보디아 사람입니다.

나레카　아, 만나서 반갑습니다.

쇼　카　반갑습니다.

발음 Track 01-6

- 사람입니까[사라밈니까]
- 혹시[혹씨]
- 아닙니다[아님니다]

☐ 혹시

대화해 봅시다

사람1 • 회사입니다. 인사를 하고 이름을 말하세요. 그리고 국적을 묻고 답하세요.

사람2 • 회사입니다. 인사를 하고 이름을 말하세요. 그리고 국적을 묻고 답하세요.

	이름	국적
1	김석훈	한국
	아미르	인도
2	나트	태국
	나레카	가나
3	에디	캐나다
	미셸	프랑스
4	(친구)	
	(나)	

표현

인사할 때	국적을 물어볼 때
• 안녕하십니까?	• 인도 사람입니까?
• 안녕하세요?	• 인도 사람이에요?
• (만나서) 반갑습니다.	• 인도에서 왔어요?

읽어 봅시다

외국인 등록증을 보고 맞는 것에 ✓ 하세요.

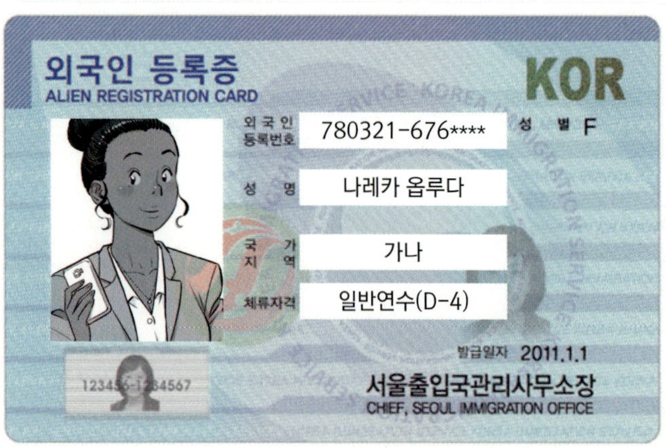

1. 이름이 뭐예요?

① 가나

② 나레카

2. 어느 나라 사람이에요?

① 나이지리아

② 가나

③ 태국

1 여러분의 친구를 다른 사람에게 소개해 보세요.

이름	토니 베이커
국적	캐나다
생년월일	1975. 5. 20.
성별	☑ 남 ☐ 여
직업	변호사

이분은 ________

문화를 알아봅시다

한국 사람들은 왜 나이를 물어봐요?

한국 사람들은 처음 만났을 때 '나이가 어떻게 되세요?', '무슨 띠세요?', '몇 년생이세요?' 하고 나이를 물어봐요. 이런 질문은 한국인에게는 자연스럽지만, 외국인에게는 매우 불편할 수도 있어요. 한국 사람들은 왜 나이를 물어보는 것일까요? 상대방이 자신보다 나이가 많은가 적은가에 따라 그에 맞는 호칭을 선택하고 언어 예절을 지키기 위해서예요. 한국에서는 자신보다 나이가 많은 사람의 이름을 부르지 않아요. 그 대신 나이, 직책 등에 따라 그에 맞는 호칭과 함께 존댓말을 해요.

동영상을 봅시다
1
2
이거 한국어로 뭐예요?
세계지도
4
5

2

교실에 시계가 있어요?

여기는 어디예요?

교실에 뭐가 있어요?

이거는 뭐예요?

따라 하세요

Track 02-1

- 교실에 시계가 있어요.
- 교실에 컴퓨터는 없어요.
- 그거는 노트북이에요?

❶ 시계	❷ 칠판	❸ 안경	❹ 책상
❺ 휴대 전화	❻ 의자	❼ 지도	❽ 노트북(컴퓨터)

준비 1 이/가 에 있어요/없어요

예문

- 컴퓨터가 있어요.
- 책이 없어요.

형태

이/가 있어요/없어요.
지우개가 있어요/없어요.
볼펜이 있어요/없어요.

예문

- 시계가 교실에 없어요.
- 책상이 교실에 있어요.
- 가: 컴퓨터가 어디에 있어요?
  나: 교실에 있어요.

형태

이/가 에 있어요/없어요.
시계가 교실에 있어요/없어요.
책이 교실에 있어요/없어요.

활용 방에 뭐가 있어요? 이야기해 보세요.

가: 방에 컴퓨터가 있어요?
나: 네, 방에 컴퓨터가 있어요.

이, 그, 저 준비 ❷

예문

- 이거는 시계예요.
- 그거는 가방이에요.
- 저거는 책상이에요.
- 가: 이거는 뭐예요?
  나: 이거는 책이에요.

형태

이거, 저거, 그거
이거는 볼펜이에요.
그거는 책이에요.
저거는 시계예요.

예문

- 이 사람은 한국 사람이에요.
- 그 사람은 태국 사람이에요.
- 저 사람은 인도 사람이에요.

형태

이, 그, 저
이 모자
그 모자
저 모자

활용 교실에 뭐가 있어요? 이야기해 보세요.

가: 이거는 뭐예요?
나: 이거는 공책이에요.

준비 3 하고

예문

- 연필하고 지우개가 있어요.
- 공책하고 사전이 있어요.

형태

하고
컴퓨터하고 텔레비전
안경하고 모자

활용 방에 뭐가 있어요? 이야기해 보세요.

가: 방에 뭐가 있어요?

나: 핸드폰하고 안경이 있어요.

돋보기

- 와/과
  컴퓨터와 텔레비전
  안경과 모자
- (이)랑
  컴퓨터랑 텔레비전
  안경이랑 모자

교실 물건 말하기 과제 1

Track 02-2

동영상을 봅시다 나트 씨와 에디 씨가 교실 물건에 대해서 이야기합니다.

- 여기가 어디예요?
- 뭐가 있어요?

나트 교실에 시계가 있어요?

에디 네, 교실에 시계가 있어요.

나트 교실에 컴퓨터가 있어요?

에디 아니요, 교실에 컴퓨터는 없어요.

발음 Track 02-3

- 교실에[교시레]
- 있어요[이써요]
- 없어요[업써요]

☐ 교실

대화해 봅시다

사람1 •교실입니다. 뭐가 있는지 친구에게 질문하세요.

사람2 •교실입니다. 뭐가 있는지 친구에게 답하세요.

물건	있어요? (○, ×)
책상	○
의자	
책	
시계	
볼펜	
우산	
컴퓨터	
필통	
가방	
핸드폰	
안경	

표현

물건이 교실에 있는지 물어볼 때	물건이 교실에 있는지 대답할 때
• 교실에 시계가 있어요? • 교실에 컴퓨터가 있어요?	• 네, 있어요. • 아니요, 없어요.

들어 봅시다

다음을 잘 듣고 질문에 답하세요. Track 02-4

1. 여기는 어디예요?

① 교실 ② 친구 집 ③ 선생님 방 ④ 미셸 씨 방

2. 뭐가 있어요? 모두 고르세요.

① 
② 
③ 
④ 

물건 위치 말하기

Track 02-5

동영상을 봅시다 에디 씨와 자가 씨가 방에 있는 물건에 대해 이야기합니다.

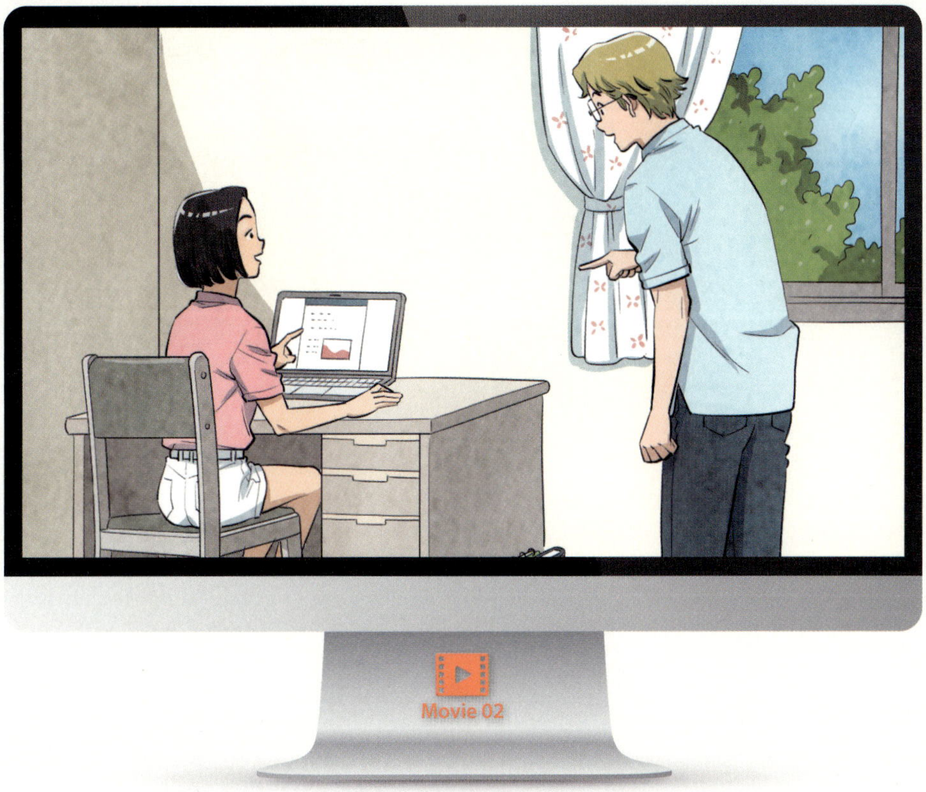

- 여기는 어디예요?
- 뭐가 있어요?

에디	그거는 노트북이에요?
자가	네, 이거는 노트북이에요.
에디	책하고 공책은 어디에 있어요?
자가	가방 안에 있어요.

발음 Track 02-6

- 책하고[채카고]
- 공책은[공채근]

☐ 노트북 ☐ 안

대화해 봅시다

사람1 • 방 안 물건의 이름이나 위치를 물어보세요.

사람2 • 방 안 물건의 이름이나 위치를 답하세요.

표현

물건의 이름을 물어볼 때	물건의 이름을 말해 줄 때
• 이거는 뭐예요? • 그거는 볼펜이에요? • 저거는 연필하고 모자예요?	• 네, 이거는 사전하고 안경이에요. • 네, 저거는 책과 우산이에요. • 아니요, 그거는 연필이랑 지우개예요.

말해 봅시다

에디 씨의 방입니다. 무엇이 있습니까? 어디에 있습니까? 이야기해 보세요.

가: **방에 창문이 있어요?**

나: **네, 있어요. 침대 위에 있어요.**

창문, 침대, 옷장, 책장(책꽂이), 탁자, 소파, 사진, 옷걸이, 꽃, 꽃병, 스탠드

1 여러분 방에는 무엇이 있습니까? 어디에 있습니까? 여러분 방을 그리고 친구들에게 자세히 이야기해 보세요.

창문 커튼 블라인드 침대 책꽂이 신발장 소파 옷장 냉장고 테이블 이불 베개

문화를 알아봅시다

한국을 상징하는 것은 뭐예요?

한국을 상징하는 것에는 태극기, 애국가, 무궁화 그리고 한글이 있어요.
여러분 나라를 상징하는 것은 뭐예요?

	한국		________	________
나라의 국기 이름은 뭐예요?	태극기			
나라의 노래(국가)는 뭐예요?	애국가			
나라의 꽃(국화)은 뭐예요?	무궁화			
나라의 문자는 뭐예요?	한글	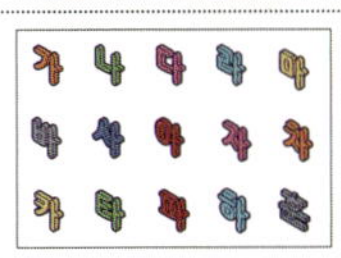		

동영상을 봅시다
1
2
커피
5
coffee
24시
편의점
6
24
편의점
7

3

화장실이 어디에 있어요?

- 여기는 어디예요?
- 무엇이 있어요?
- 사람들이 뭐 해요?

따라 하세요

Track 03-1

- 실례합니다.
- 화장실이 어디에 있습니까?
- 무엇을 도와드릴까요?

❶ 구두 가게	❷ 옷 가게	❸ 화장실	❹ 안내원
❺ 커피숍(카페)	❻ 편의점	❼ 에스컬레이터	❽ 경비원

준비 ① -습니다, -습니까?

예문

- 학생입니다.
- 휴대 전화가 있습니다.
- 가: 무엇이 있습니까?
  나: 책이 있습니다.

형태

-ㅂ니다	-습니다
입니다	있습니다
ㅂ니까?	습니까?
입니까?	있습니까?

활용 **그림을 보고 이야기해 보세요.**

자동차

있다

없다

친구

많다

적다

옷

크다

작다

한국 사람

이다

아니다

가: 자동차가 있습니까?
나: 네, 자동차가 있습니다.

예문

- 공부를 합니다.
- 운동을 합니다.
- 가: 무엇을 먹습니까?
  나: 피자를 먹습니다.

형태

를
커피를
을
공책을

활용 교실입니다. 학생들이 무엇을 합니까? 이야기해 보세요.

가: 엔젤 씨는 무엇을 합니까?
나: 엔젤 씨는 한국어 공부를 합니다.

준비 ③ 의

예문

- 나트 씨(의) 책입니다.
- 가: 누구(의) 가방입니까?
  나: 친구(의) 가방입니다.

형태

의
나의
선생님의

활용 뭐예요? 누구 거예요? 이야기해 보세요.

가: 누구의 가방입니까?
나: 마이클 씨의 가방입니다.

돋보기

- 저 + 의 → 저의 → 제
- 나 + 의 → 나의 → 내
- 너 + 의 → 너의 → 네

장소의 위치 물어보기 1 과제①

Track 03-2

동영상을 봅시다 나트 씨가 '관광 안내소'에서 안내원에게 위치를 물어봅니다.

Movie 01

- 여기는 어디예요?
- 나트 씨는 뭐 해요?

나 트	실례합니다. 화장실이 어디에 있습니까?
안내원	저기 마트 안에 있습니다.
나 트	박물관은 어디에 있습니까?
안내원	지하철역 옆에 있습니다.
나 트	감사합니다.

발음 Track 03-3

- 있습니다[이씀니다]
- 박물관은[방물과는]
- 지하철역[지하철력]

☐ 실례하다 ☐ 화장실 ☐ 지하철역 ☐ 감사하다

대화해 봅시다

사람1 • 길을 찾습니다. 찾는 장소의 위치를 물어보세요.

사람2 • 관광 안내소 안내원입니다. 찾는 장소의 위치를 말해 주세요.

표현

장소의 위치를 물어볼 때	장소의 위치를 알려 줄 때
• 실례합니다. 화장실이 어디에 있어요? • 실례합니다. 여기 마트가 있어요? • 실례합니다. 병원이 어디예요?	• 저기에 있어요. • 편의점 오른쪽에 있어요. • 병원 앞에 있어요.

들어 봅시다

길을 묻습니다. 다음을 잘 듣고 질문에 답하세요. Track 03-4

1. 어디에 있습니까? 번호를 쓰십시오.

1) ________ 2) ________ 3) ________ 4) ________

장소의 위치 물어보기 2

Track 03-5

동영상을 봅시다 다문화가족지원센터에서 석훈 씨가 경비원에게 물어봅니다.

- 석훈 씨는 어디에 있어요?
- 한국어 교실은 어디에 있어요?

경비원	안녕하세요. 무엇을 도와드릴까요?
석 훈	한국어 교실이 어디에 있습니까? 제 아내가 한국어를 공부합니다.
경비원	사무실 옆에 있습니다.
석 훈	감사합니다.

발음 Track 03-6

- 한국어[한구거]

☐ 도와드릴까요? ☐ 아내 ☐ 사무실

대화해 봅시다

사람1 • 경비원입니다. 교실의 위치를 알려 주세요.

사람2 • 경비원에게 교실의 위치를 물어보세요. 그리고 위치를 찾는 이유를 말해 보세요.

	찾는 곳
1	한국어 교실
2	컴퓨터 교실
3	요리 교실
4	

표현

무슨 도움이 필요한지 물어볼 때	위치를 물어볼 때
• 무엇을 도와드릴까요? • 어디를 찾으세요? • 뭘 도와드릴까요?	• 한국어 교실이 어디에 있어요? • 한국어 교실이 어디예요?

말해 봅시다

여러분은 오늘 무엇을 합니까? 친구들과 이야기해 보세요.

하는 일	네	아니요
빵을 먹다	☐	☐
텔레비전을 보다	☐	☐
우유를 마시다	☐	☐
한국어 공부를 하다	☐	☐
책을 읽다	☐	☐
한국어를 가르치다	☐	☐

가: **오늘 빵을 먹습니까?**

나: **네, 빵을 먹습니다. / 아니요, 밥을 먹습니다.**

도전

1 나트 씨의 시댁 식구들이 모였습니다. 식구들이 무엇을 합니까? 그림을 보고 써 보세요.

오늘은 나트 씨의 생일입니다. 석훈 씨는 ______________________________.

시아버님은 ______________________________.

시어머님은 ______________________________.

____

____

문화를 알아봅시다

교통안전 표지판의 뜻을 알아요?

하지 마세요

길을 건너지 마세요.

다니지 마세요.

자전거, 오토바이를 타지 마세요.

이렇게 하세요

길을 건널 수 있어요.

자동차만 다녀요.

자전거만 다녀요

도로에서 교통안전 표지판을 많이 보았지요? 무슨 의미인지 알아요? 흰색 바탕에 빨간색 테두리가 있는 것은 '하지 마세요.'라는 뜻이에요. 안전을 위해 하면 안 되는 것을 알려 줘요. 파란색 바탕에 내용(문자, 기호)이 있는 것은 '이렇게 하세요.'라는 뜻이에요. 안전을 위한 방법을 알려 줘요.

동영상을 봅시다

4

주말에는 보통 집에서 쉬어요.

여러분은 주말에 보통 뭐 해요?

주말에 보통 어디에 가요?

가족들은 주말에 보통 뭐 해요?

따라 하세요

Track 04-1

- 오늘 뭐 해요?
- 주말에 보통 뭐 해요?
- 아, 그래요.

❶ 다리미	❷ 다리미판	❸ 청소기	❹ 쓰레받기
❺ 빗자루	❻ 걸레	❼ 빨래 건조대	❽ 도마

준비❶ -아/어요

예문
- 친구를 만나요.
- 한국 음식을 먹어요.
- 한국어 공부를 해요.
- 가: 아이는 뭐 해요?
  나: 밥을 먹어요.

형태

-아요	-어요	해요
가요	먹어요	공부해요
앉아요	가르쳐요	운동해요

활용 주말에 보통 뭐 해요? 이야기해 보세요.

1) 
친구를 만나다

2) 
텔레비전을 보다

3) 
책을 읽다

4) 
음식을 만들다

5) 
청소를 하다

6) 
빨래를 하다

가: 주말에 보통 뭐 해요?
나: 친구를 만나요.

에 가다/오다

예문

- 나트 씨가 마트**에 가요**.
- 친구가 한국**에 와요**.
- 가: 어디**에 가요**?
  나: 집**에 가요**.

형태

에 가다/오다
교실에 가요/와요
마트에 가요/와요

활용 어디에 가요? 이야기해 보세요.

마트 약국 병원 미용실 옷 가게 은행

1) 

2) 

3) 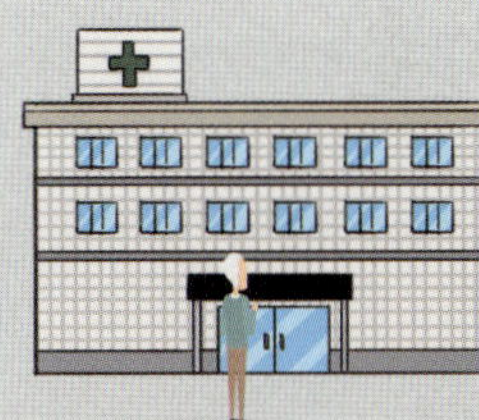

4) 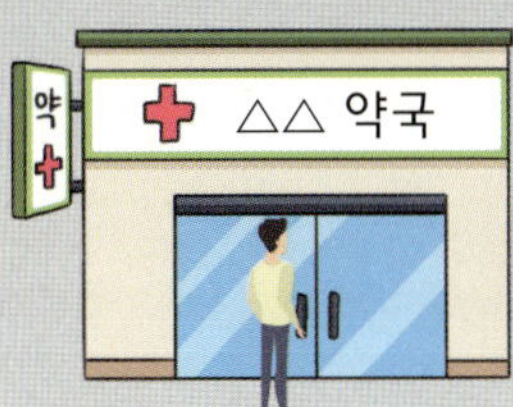

5) 

6) 

가: 어디에 가요?
나: 마트에 가요.

준비 3 에서

예문

- 다문화가족지원센터에서 한국어를 공부해요.
- 마트에서 우유를 사요.
- 가: 어디에서 친구를 만나요?
  나: 커피숍에서 만나요.

활용

오늘 어디에서 뭐 해요? 이야기해 보세요.

커피숍 집 회사 마트 식당 약국

친구를 만나다

일을 하다

음식을 만들다

장을 보다

밥을 먹다

약을 사다

숙제를 하다

쉬다

가: **오늘 뭐 해요?**

나: **커피숍에서 친구를 만나요.**

오늘 일과 묻고 답하기

과제 ①

Track 04-2

동영상을 봅시다 나레카 씨와 나트 씨가 오늘 무엇을 하는지 묻고 답합니다.

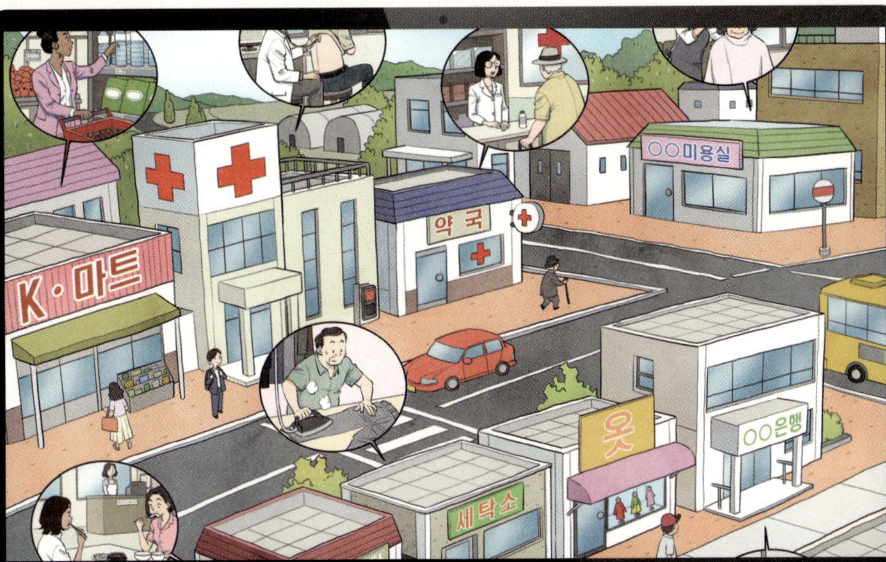

Movie 01

나트 씨는 어디에 가요?

나레카 씨는 오늘 뭐 해요?

나레카　나트 씨, 오늘 뭐 해요?

나　트　저는 식당에 가요. 식당에서 친구를 만나요.
　　　　나레카 씨는 오늘 뭐 해요?

나레카　마트에 가요. 마트에서 장을 봐요.

나　트　아, 그래요.

발음 Track 04-3

- 식당[식땅]

☐ 아　☐ 그렇다

대화해 봅시다

사람1 • 친구에게 오늘 일과를 묻고 대답하세요.

사람2 • 친구에게 오늘 일과를 묻고 대답하세요.

	사람1		사람2	
	장소	하는 일	장소	하는 일
1	식당	친구를 만나다	마트	장을 보다
2	커피숍	커피를 마시다	다문화가족지원센터	한국어를 공부하다
3	미용실	머리를 하다	식당	중국 음식을 먹다
4	회사	일을 하다	약국	약을 사다
5				

표현

오늘 일과를 물어볼 때	오늘 일과를 대답할 때
• 오늘 뭐 해요?	• 마트에 가요.
• 오늘 어디에 가요?	• 마트에서 장을 봐요.

들어 봅시다

에디 씨와 자가 씨가 오늘 일과를 이야기합니다. 다음을 잘 듣고 질문에 답하세요. Track 04-4

1. 알맞게 연결하세요.

1) 자가 •

2) 에디 •

• 커피숍 •

• 식당 •

• 마트 •

• 집 •

• 옷 가게 •

주말 일과 묻고 답하기 과제 2

Track 04-5

동영상을 봅시다 엔젤 씨와 나트 씨가 주말에 무엇을 하는지 묻고 답합니다.

Movie 02

나트 씨는 주말에 보통 뭐 해요?

엔젤 씨는 주말에 보통 뭐 해요?

엔젤	나트 씨, 주말에 보통 뭐 해요?
나트	집에서 음식을 만들어요. 그리고 한국어 숙제를 해요. 엔젤 씨는 주말에 보통 뭐 해요?
엔젤	주말에는 보통 집에서 쉬어요.

발음 Track 04-6

- 숙제[숙쩨]

☐ 그리고

대화해 봅시다

사람1 • 친구에게 주말 일과를 묻고 대답하세요.

사람2 • 친구에게 주말 일과를 묻고 대답하세요.

	주말에 하는 일			
	사람1		사람2	
1	집	• 음식을 만들다 • 한국어 숙제를 하다	집	• 쉬다
2	집	• 잠을 자다 • 한국어 공부를 하다	마트	• 장을 보다
3	집	• 텔레비전을 보다 • 청소를 하다	식당	• 친구를 만나다
4	식당	• 친구를 만나다 • 고향 음식을 먹다	집	• 빨래를 하다
5				

표현

주말 일과를 물어볼 때	주말 일과를 대답할 때
• 나트 씨, 주말에 보통 뭐 해요? • 엔젤 씨는 주말에 뭐 해요?	• 한국어 숙제를 해요. • 집에서 빨래를 해요. • 청소를 해요. 그리고 쉬어요.

들어 봅시다

에디 씨와 자가 씨가 주말 일과를 이야기합니다. 다음을 잘 듣고 질문에 답하세요. Track 04-7

1. 알맞게 연결하세요.

1) 에디 •

2) 자가 •

• 

• 

• 

• 

도전

1 친구들은 주말에 보통 무엇을 해요? 친구들에게 조사해 보세요.

주말 생활

이름: 성별: (남, 여)

	네	아니요
1. 주말에 일찍 일어납니까?	☐	☐
2. 주말에 아침 식사를 합니까?	☐	☐
3. 주말에 친구를 만납니까?	☐	☐
4. 주말에 집에서 쉽니까?	☐	☐
5. 주말에 텔레비전을 봅니까?	☐	☐
6. 주말에 술을 마십니까?	☐	☐
7. 주말에 책을 읽습니까?	☐	☐
8. 주말에 식당에서 밥을 먹습니까?	☐	☐
9. 주말에 늦게 잡니까?	☐	☐
10. 주말에 보통 ________________________________?	☐	☐

감사합니다.

문화를 알아봅시다

한국 사람들은 왜 '빨리빨리'라고 해요?

한국 사람들은 밥도 '빨리빨리' 먹고, 일도 '빨리빨리' 한다. 그래서 외국인들이 한국에 와서 가장 먼저 배우는 말도 '빨리빨리'라고 한다. '빨리빨리' 문화 덕분에 한국은 매우 짧은 시간에 경제 성장을 할 수 있게 되었다. 또 '빨리빨리' 문화가 세계 최고의 인터넷 강국이 되는 데도 기여를 했다.

'빨리빨리' 해서 좋은 점은 뭐예요, 힘든 점은 뭐예요?

좋은 점	힘든 점
1.	1.
2.	2.
3.	3.

동영상을 봅시다

5

한국 생활이 어때요?

- 한국 생활이 어때요?
- 한국어 공부는 어때요?
- 한국 음식은 어때요?

따라 하세요

Track 05-1

- 한국 음식이 어때요?
- 자가 씨는요?
- 아주 더워요.

❶ 반찬 ❷ 눈사람 ❸ 가수 ❹ 목도리
❺ 해 ❻ 컵(잔) ❼ 포크 ❽ 칼(나이프)

준비 ① -고

예문

- 저는 커피를 마시고 친구는 주스를 마셔요.
- 저는 태국 사람이고 제 남편은 한국 사람이에요.

형태

-고
숙제하고
읽고

활용

친구들이 무엇을 해요? 그림을 보고 이야기해 보세요.

쉬다	공부를 하다	영어를 가르치다	운동을 하다
한국어를 배우다	책을 읽다	커피를 마시다	음식을 만들다

1) 
자가 에디

2) 
엔젤 나레카

3) 

미셸 엔젤

4) 
나트 석훈

가: 자가 씨와 에디 씨가 무엇을 해요?
나: 자가 씨는 공부를 하고 에디 씨는 쉬어요.

다문화가정과 함께하는 즐거운 한국어 초급 1

ㅂ 불규칙

예문

- 날씨가 더워요.
- 시험이 어려워요.

형태

ㅂ → 우(오)
맵다 → 매워요
무겁다 → 무거워요

활용 그림을 보고 어떤지 이야기해 보세요.

1) 

한국어 공부

□ 어렵다 □ 쉽다

2) 

김치

□ 맵다 □ 달다

3) 

가방

□ 무겁다 □ 가볍다

4) 

한국 여름 날씨

□ 덥다 □ 춥다

5) 

요리

□ 어렵다 □ 쉽다

6) 

솜사탕

□ 맵다 □ 달다

7) 

노트북 컴퓨터

□ 무겁다 □ 가볍다

8) 

한국 겨울 날씨

□ 덥다 □ 춥다

가: 한국어 공부가 어려워요? 쉬워요?

나: 한국어 공부가 쉬워요.

준비 3 이/가 어때요?

예문

- 날씨가 어때요?
- 한국 음식이 어때요?

형태

가 어때요?
한국어 공부가 어때요?
이 어때요?
한국 사람이 어때요?

활용 한국 생활이 어때요? 그림을 보고 이야기해 보세요.

1) 

한국 교통
- [x] 편하다
- [ ] 불편하다

2) 

한국 봄 날씨
- [ ] 좋다
- [ ] 흐리다

3) 

한국 옷
- [ ] 싸다
- [ ] 비싸다

4) 

한국 음식
- [ ] 맛있다
- [ ] 맛없다

5) 

한국 드라마
- [ ] 재미있다
- [ ] 재미없다

6) 

한국 과일
- [ ] 싸다
- [ ] 비싸다

7) 

한국어 공부
- [ ] 어렵다
- [ ] 쉽다

8) 

한국 겨울 날씨
- [ ] 춥다
- [ ] 덥다

가: 한국 교통이 어때요?

나: 한국 교통이 편해요.

한국 생활에 대해 묻고 답하기 과제 1

Track 05-2

동영상을 봅시다 자가 씨와 에디 씨가 한국 생활에 대해 묻고 답합니다.

에디 씨의 한국 생활은 어때요?

자가 씨의 한국 생활은 어때요?

자가　에디 씨, 한국 음식이 어때요?

에디　맛있어요. 자가 씨는요?

자가　맛있어요. 하지만 조금 매워요.

에디　한국 생활은 어때요?

자가　재미있고 좋아요. 에디 씨는요?

에디　저도 한국 생활이 재미있어요.

발음 Track 05-3

- 한국 생활[한국쌩활]
- 좋아요[조아요]
- 재미있어요[재미이써요]

☐ 하지만　☐ 조금

대화해 봅시다

사람1 • 한국 생활에 대해 묻고 대답하세요.

사람2 • 한국 생활에 대해 묻고 대답하세요.

한국 생활		사람1		사람2	
1	음식	☑ 맛있다 ☑ 맵다	☐ 맛없다 ☐ 달다	☑ 맛있다 ☐ 맵다	☐ 맛없다 ☑ 달다
	생활	☑ 재미있다 ☑ 좋다	☐ 재미없다 ☐ 힘들다	☑ 재미있다 ☐ 좋다	☐ 재미없다 ☑ 힘들다
2	여름 날씨	☐ 비가 오다 ☐ 춥다	☐ 흐리다 ☐ 덥다	☐ 비가 오다 ☐ 춥다	☐ 흐리다 ☐ 덥다
	겨울 날씨	☐ 눈이 오다 ☐ 춥다	☐ 흐리다 ☐ 덥다	☐ 눈이 오다 ☐ 춥다	☐ 바람이 불다 ☐ 덥다
3	고속 열차	☐ 편하다 ☐ 싸다	☐ 불편하다 ☐ 비싸다	☐ 편하다 ☐ 싸다	☐ 불편하다 ☐ 비싸다
	버스	☐ 편하다 ☐ 싸다	☐ 불편하다 ☐ 비싸다	☐ 편하다 ☐ 싸다	☐ 불편하다 ☐ 비싸다
4					

표현

한국 생활에 대해 물어볼 때	한국 생활에 대해 대답할 때
• 한국 생활이 어때요? • 한국 음식이 괜찮아요?	• 재미있어요. 그리고 좋아요. • 재미있고 좋아요. • 재미있어요. 하지만 조금 힘들어요.

들어 봅시다

다음을 잘 듣고 질문에 답하세요. Track 05-4

1. 맞는 그림을 찾아 ✓ 하세요.

1)

 ☐

 ☐

2)

 ☐

 ☐

3)

 ☐

 ☐

고향에 대해 묻고 답하기

Track 05-5

동영상을 봅시다 엔젤 씨와 나레카 씨가 고향에 대해 묻고 답합니다.

- 나레카 씨의 고향은 어디예요?
- 엔젤 씨의 고향 음식은 어때요?

엔 젤	나레카 씨, 가나의 여름 날씨는 어때요?
나레카	아주 더워요. 그리고 바람이 많이 불어요.
엔 젤	음식은 어때요?
나레카	가나에는 과일이 많아요. 아주 달고 맛있어요.

발음 Track 05-6

- 많이[마니]
- 과일이[과이리]
- 많아요[마나요]
- 맛있어요[마시써요]

☐ 많이 ☐ 아주

대화해 봅시다

사람1 •고향에 대해 묻고 대답하세요.

사람2 •고향에 대해 묻고 대답하세요.

고향		사람1		사람2	
1	여름 날씨	☐ 따뜻하다 ☐ 비가 오다	✔ 덥다 ✔ 바람이 불다	✔ 따뜻하다 ☐ 비가 오다	☐ 덥다 ✔ 바람이 불다
	음식	✔ 맛있다 ☐ 맵다	☐ 맛없다 ✔ 달다	✔ 맛있다 ✔ 맵다	☐ 맛없다 ☐ 달다
2	겨울 날씨	☐ 좋다 ☐ 춥다	☐ 흐리다 ☐ 시원하다	☐ 좋다 ☐ 춥다	☐ 흐리다 ☐ 시원하다
	가을 날씨	☐ 시원하다 ☐ 비가 오다	☐ 춥다 ☐ 바람이 불다	☐ 시원하다 ☐ 비가 오다	☐ 춥다 ☐ 바람이 불다
3	기차	☐ 편하다 ☐ 싸다	☐ 불편하다 ☐ 비싸다	☐ 편하다 ☐ 싸다	☐ 불편하다 ☐ 비싸다
	버스	☐ 편하다 ☐ 싸다	☐ 불편하다 ☐ 비싸다	☐ 편하다 ☐ 싸다	☐ 불편하다 ☐ 비싸다
4	✎	✎		✎	
	✎	✎		✎	

표현

날씨에 대해 물어볼 때	날씨에 대해 대답할 때
• 날씨가 어때요? • 날씨가 괜찮아요? • 날씨가 좋아요?	• 시원해요. • 더워요. 그리고 바람이 불어요. • 좋아요. 하지만 바람이 좀 불어요.

들어 봅시다

한국 생활에 대해 이야기합니다. 다음을 잘 듣고 질문에 답하세요. Track 05-7

1. 맞는 것을 모두 고르세요.

1) 한국어 공부가	① 어렵다	② 쉽다	③ 재미있다	④ 재미없다.
2) 한국 교통이	① 싸다	② 비싸다	③ 편하다	④ 좋다.
3) 한국 음식이	① 맵다	② 달다	③ 맛있다	④ 맛없다.

도전

1 친구들에게 한국 생활에 대해 인터뷰해 보세요.

한국 생활이 어때요?

이름: 성별: (남, 여)

친구 이름:			
	1. 한국 음식	□ 맵다	□ 안 맵다
	2. 한국 물가	□ 비싸다	□ 싸다
	3. 한국 드라마	□ 재미있다	□ 재미없다
	4. 한국 교통	□ 편리하다	□ 불편하다
	5. 한국어 공부	□ 쉽다	□ 어렵다

친구 이름:			
	1. 한국 음식	□ 맵다	□ 안 맵다
	2. 한국 물가	□ 비싸다	□ 싸다
	3. 한국 드라마	□ 재미있다	□ 재미없다
	4. 한국 교통	□ 편리하다	□ 불편하다
	5. 한국어 공부	□ 쉽다	□ 어렵다

문화를 알아봅시다

정말 사계절이 있어요?

한국에는 봄, 여름, 가을, 겨울 사계절이 있어요. 하지만 점점 봄과 가을이 짧아지고 여름과 겨울이 길어지고 있어요.

여러분 나라에는 어떤 계절이 있어요? 그 계절은 날씨가 어때요? 그 계절에 무엇을 해요?

한국		나의 고향
봄(3월~5월) - 날씨가 따뜻해요. - 꽃이 피어요. 꽃구경을 가요.		
여름(6월~8월) - 날씨가 더워요. 장마철에 비가 많이 와요. - 여름휴가를 가요.		
가을(9월~11월) - 날씨가 시원해요. - 단풍이 들어요. 단풍 구경을 가요.		
겨울(12월~2월) - 날씨가 추워요. - 눈이 내려요.		

동영상을 봅시다

1
2
6
1 2 3
4 5 6 7 8 9 10
11 12 13 14 15 16 17
18 19 20 21 22 23 24
25 26 27 28 29 30
생 일 축
3
4
5
6
7
8

6

제 생일은 6월 11일이에요.

사람들이 무엇을 해요?

오늘이 몇 월 며칠이에요?

생일이 언제예요?

따라 하세요

Track 06-1

- 6월 11일에 시간이 있어요?
- 6월 11일이 무슨 요일이에요?
- 왜요?

6월						
일	월	화	수	목	금	토
10시~11시 운동	2시~5시 영어 수업	9시~11시 한국어 수업	10시~11시 운동 2시~5시 영어 수업	9시~11시 한국어 수업	10시~11시 컴퓨터 수업	12시 친구 점심

❶ 풍선 ❷ 달력 ❸ 초 ❹ 케이크
❺ 라이터 ❻ 성냥 ❼ 선물 ❽ 음료수

준비① 날짜/요일

예문

- 2020년 1월 12일 목요일이에요.
- 가: 며칠이에요?
  나: 10월 13일이에요.
- 가: 오늘이 몇 월 며칠이에요?
  나: 8월 15일이에요.
- 가: 생일이 언제예요?
  나: 제 생일은 7월 17일이에요.

활용 친구의 생일은 언제입니까? 달력을 보고 이야기해 보세요.

1) 3월 14 수요일
2) 4월 27 금요일
3) 10월 31 화요일
4) 11월 12 토요일
5) 6월 25 월요일
6) 11월 10 일요일

가: 생일이 몇 월 며칠이에요?
나: 3월 14일이에요.
가: 무슨 요일이에요?
나: 수요일이에요.

돋보기

- 6월: 유월(육월 ×)
- 10월: 시월(십월 ×)

에

예문

- 가: 언제 경주에 가요?
  나: 다음 주 금요일에 가요.
- 12시에 친구와 약속이 있어요.

형태

에
12시에
4월 15일에
금요일에

활용 다음 그림을 보면서 이야기해 보세요.

영화를 보다	시험을 보다	여행을 가다	친구를 만나다

1) 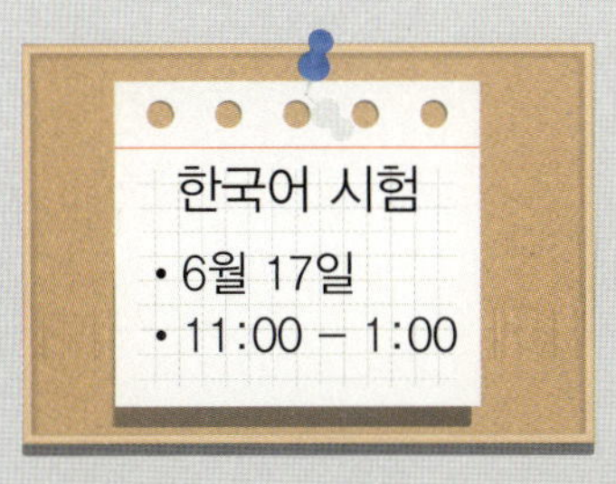

2) 

3) 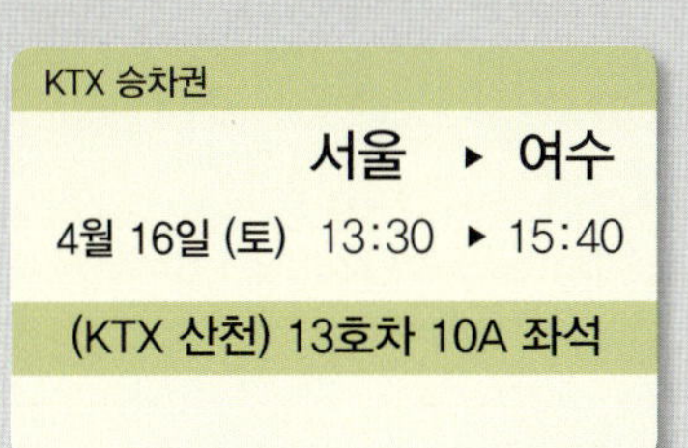

4) 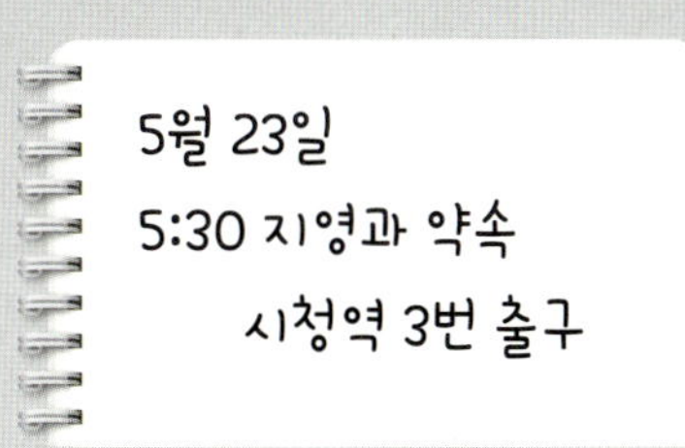

가: 언제 한국어 시험을 봐요?
나: 6월 17일에 봐요.
가: 몇 시에 봐요?
나: 11시에 봐요.

돋보기

- 어제에(✕) → 어제
- 오늘에(✕) → 오늘
- 내일에(✕) → 내일

준비③ 안

예문

- 토요일에는 안 바빠요.
- 저는 돼지고기를 안 먹어요.
- 우리 남편은 요리를 안 해요.

형태

안
안 만나요
안 작아요
청소를 안 해요

활용 **친구들은 오늘 뭐 해요? 친구에게 질문해 보세요.**

	질문	대답
1	마트에서 장을 보다	□ 네 ☑ 아니요
2	고향 친구를 만나다	□ 네 □ 아니요
3	커피를 마시다	□ 네 □ 아니요
4	한국어 숙제를 하다	□ 네 □ 아니요
5	친구하고 같이 밥을 먹다	□ 네 □ 아니요

가: **오늘 마트에서 장을 봐요?**
나: **네, 장을 봐요. /**
아니요, 장을 안 봐요.

생일 파티에 친구 초대하기

과제 ❶

Track 06-2

동영상을 봅시다

에디 씨가 나레카 씨를 생일 파티에 초대합니다.

Movie 01

금요일은 몇 월 며칠이에요?

6월 11일에 뭐 해요?

에 디	나레카 씨, 6월 11일에 시간이 있어요?
나레카	6월 11일이 무슨 요일이에요?
에 디	금요일이에요.
나레카	네, 시간이 있어요. 왜요?
에 디	그날이 제 생일이에요. 그래서 제 생일 파티를 해요. 나레카 씨도 꼭 와요.
나레카	좋아요. 그날 봐요.

발음 Track 06-3

- 생일이[생이리]
- 무슨 요일[무슨뇨일]
- 금요일이에요[그묘이리에요]
- 좋아요[조아요]

☐ 시간 ☐ 왜 ☐ 그날 ☐ 파티 ☐ 꼭

대화해 봅시다

사람1 • 친구를 특별한 날에 초대하고 싶습니다. 친구가 그날 시간이 있는지 확인하고 초대하세요.

사람2 • 친구가 초대를 합니다. 그날 시간이 되는지 확인하고 초대에 응하세요.

	사람1		사람2
	특별한 날	날짜	가능 여부
1	생일	6월 11일 금요일	☑가요 □ 안 가요
2	반 모임	10월 31일 목요일	☑가요 □ 안 가요
3	크리스마스 파티	12월 24일 토요일	☑가요 □ 안 가요
4			☑가요 □ 안 가요

표현

초대할 때	초대에 응할 때
• 제 생일에 꼭 와요. • 반 모임에 꼭 오세요. • 파티에 꼭 오셔야 해요.	• 네, 좋아요. • 네, 꼭 갈게요. • 네, 갈게요. 초대해 줘서 고마워요.

들어 봅시다

나트 씨와 나레카 씨가 생일에 대하여 이야기합니다. 다음을 잘 듣고 질문에 답하십시오. Track 06-4

1. 나레카 씨의 생일은 언제예요?

① 

② 

③ 

④ 

2. 나트 씨는 다음 주에 나레카 씨 집에 가요?

① 네, 갑니다　　② 아니요, 가지 않습니다.

일정 묻고 답하기

과제 ②

Track 06-5

동영상을 봅시다 에디 씨와 엔젤 씨가 일정에 대해 이야기합니다.

6월						
일	월	화	수	목	금	토
10시~11시 운동	2시~5시 영어 수업	9시~11시 한국어 수업	10시~11시 운동 2시~5시 영어 수업	9시~11시 한국어 수업	10시~11시 컴퓨터 수업	12시 친구 점심

Movie 02

- 엔젤 씨는 월요일에 무엇을 해요?
- 영어 수업이 몇 시에 끝나요?

에디　엔젤 씨, 보통 월요일에 뭐 해요?

엔젤　영어를 가르쳐요.

에디　몇 시부터 몇 시까지 영어를 가르쳐요?

엔젤　2시부터 5시까지 가르쳐요.

에디　화요일에도 영어를 가르쳐요?

엔젤　아니요, 화요일에는 안 가르쳐요.
화요일에는 센터에서 한국어를 배워요.

발음 Track 06-6

- 월요일에[워료이레]
- 몇 시부터[멷씨부터]
- 5시[다서씨]

영어　부터　까지　센터

대화해 봅시다

사람1 • 다이어리를 보고 친구와 일정을 묻고 대답해 보세요.

사람2 • 다이어리를 보고 친구와 일정을 묻고 대답해 보세요.

사람1

월	화	수	목	금	토	일
영어 수업 2시~5시	한국어 공부 9시~11시	태권도 수업 1시~2시	한국어 공부 9시~11시	6시 친구 약속	태권도 수업 1시~2시	4시 영화

사람2

월	화	수	목	금	토	일
한국어 공부 6시~8시	아르바이트 12시~5시	한국어 공부 6시~8시	아르바이트 12시~5시	컴퓨터 수업 1시~4시	4시 친구 약속	3시 한국어 숙제

표현

일과 시간을 물을 때	하는 일을 대답할 때
• 몇 시에 한국어를 가르쳐요? • 몇 시부터 몇 시까지 한국어를 가르쳐요? • 몇 시에 끝나요?	• 5시에 가르쳐요. • 2시부터 3시까지 공부해요. • 1시에 시작해요. 그리고 4시에 끝나요.

들어 봅시다

아미르 씨의 메모입니다. 다음을 잘 듣고 질문에 답하세요. Track 06-7

1. 빈칸에 맞게 써 보세요.

(　　　)일 (　　　)요일
미셸 씨하고 약속
(　　　　)시

2. 맞으면 ○, 틀리면 × 하세요.

1) 아미르 씨는 다음 주 화요일하고 수요일에 수업이 없어요. (　　)

2) 미셸 씨와 아미르 씨는 수요일에 동대문에 가요. (　　)

1 다음의 빈 일과표에 여러분의 하루 일과를 쓰고 발표해 보세요.

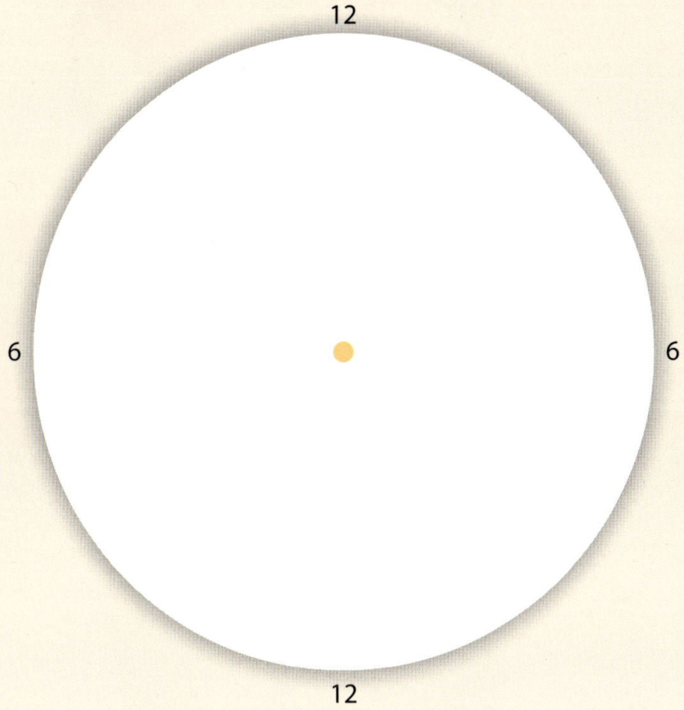

저는 보통 아침 __________ 일어납니다.

저는 ______________________________

____

____

____

____

____

____

____

문화를 알아봅시다

한국 사람들은 생일이 두 개예요?

한국에서는 양력과 음력을 모두 사용해요. 양력은 지구가 태양을 한 바퀴 도는 시간을 기준으로, 음력은 달이 지구를 한 바퀴 도는 시간을 기준으로 만들어요. 한국의 달력에는 대부분 양력과 음력이 다 표시가 되어 있지만 음력을 많이 쓰지는 않아요.

하지만 추석(8. 15.)과 설(1. 1.) 같은 명절은 꼭 음력으로 지내요. 생일은 젊은 세대는 대부분 양력으로, 나이 든 세대는 음력으로 지내요.

여러분 나라는 어때요?

동영상을 봅시다

7

불고기 이 인분 주세요.

여기는 어디예요?

여러분은 어떤 식당을 자주 가요?

한국 음식을 좋아해요? 뭘 좋아해요?

따라 하세요

Track 07-1

- 어서 오세요.
- 잠깐만 기다리세요.
- 저기요!

❶ 직원 ❷ 계산대 ❸ 앞치마 ❹ 젓가락
❺ 숟가락 ❻ 밥 ❼ 생선 ❽ 메뉴판

준비 ❶ -(으)세요

예문

- 여기에 이름을 쓰세요.
- 여기에 앉으세요.

형태

-세요	-으세요
보세요	읽으세요
쓰세요	앉으세요

활용 무엇을 먹고 싶어요? 주문해 보세요.

불고기

삼겹살

된장찌개

삼계탕

비빔밥

냉면

김밥

떡볶이

가: 뭘 드릴까요?

나: 불고기 주세요.

숫자, 단위 명사

1	2	3	4	5
하나(한)	둘(두)	셋(세)	넷(네)	다섯
6	**7**	**8**	**9**	**10**
여섯	일곱	여덟	아홉	열

활용

무엇을 먹고 싶어요? 이야기해 보세요.

1	□ 빵 2 □ 사이다 5	4	□ 비빔밥 7 □ 바나나 1
2	□ 커피 1 □ 치킨 8	5	□ 피자 5 □ 밥 4
3	□ 떡볶이 2 □ 콜라 4	6	□ 불고기 5 □ 주스 3

가: **뭘 드릴까요?**

나: **빵 두 개 주세요. 그리고 사이다 다섯 병 주세요.**

돋보기

- 치킨 – 마리, 조각
- 피자 – 판, 조각

준비 ❸ 도

예문

- 가: 저는 김치를 좋아해요.
  나: 저도 좋아해요.
- 김밥 하나 주세요.
  비빔밥도 주세요.

형태

도
저도
비빔밥도

활용 표를 보고 주문해 보세요.

1)
- ☑ 비빔밥 ☑ 불고기
- ☐ 삼겹살 ☐ 밥

2)
- ☑ 된장찌개 ☐ 김치찌개
- ☑ 김밥 ☐ 떡볶이

3)
- ☑ 치킨 ☐ 피자
- ☐ 주스 ☑ 사이다

4)
- ☐ 불고기 ☑ 삼겹살
- ☑ 공깃밥 ☐ 냉면

가: 뭘 드릴까요?
나: 비빔밥 주세요. 불고기도 주세요.

과제 1 식당에서 주문하기

Track 07-2

동영상을 봅시다 나트 씨와 석훈 씨가 식당에 갔습니다. 음식을 주문합니다.

- 손님은 모두 몇 명이에요?
- 석훈 씨는 무엇을 주문했어요?

직원	어서 오세요. 몇 분이세요?
나트	두 명이에요.
직원	여기에 앉으세요.
직원	뭘 드릴까요?
석훈	불고기 이 인분 주세요.
직원	네, 잠깐만 기다리세요.

발음 Track 07-3

- 몇 분[면뿐]
- 앉으세요[안즈세요]
- 석훈[서쿤]

☐ 분 ☐ 잠깐만

대화해 봅시다

사람1 • 직원입니다. 손님에게 주문을 받으세요.

사람2 • 손님입니다. 음식을 주문하세요.

메뉴

□ 삼겹살	10,000원	□ 불고기	11,000원
□ 김치찌개	6,000원	□ 된장찌개	5,000원
□ 비빔밥	7,000원	□ 공깃밥	1,000원
□ 콜라/사이다	1,800원	□ 냉면	4,300원

표현

직원이 주문을 받을 때	손님이 주문을 할 때
• 어서 오세요. • 몇 분이세요? • 뭘 드릴까요?	• 불고기 2인분 주세요. • 사이다 2병 주세요.

들어 봅시다

1. 식당에서 주문을 합니다. 잘 듣고 질문에 답하세요. 뭘 주문했어요? Track 07-4

① 

② 

③ 

2. 잘 듣고 주문표에 쓰세요. Track 07-5

주문표	
불고기	인분
찌개	인분
비빔밥	개
공깃밥	그릇

과제 2 식당에서 음식 더 주문하기

Track 07-6

동영상을 봅시다 나트 씨와 석훈 씨가 음식을 더 주문합니다.

- 석훈 씨는 무엇을 주문해요?
- 나트 씨는 무엇을 더 주문해요?

석훈 저기요! 여기 공깃밥 두 개 주세요.

직원 네, 잠깐만 기다리세요.

나트 반찬도 더 주세요. 물도요.

직원 네, 알겠습니다.

발음 Track 07-7

- 공깃밥[공기빱]

☐ 저기요 ☐ 반찬 ☐ 더

대화해 봅시다

사람1 • 손님입니다. 음식을 더 주문하세요.

사람2 • 직원입니다. 손님에게 주문을 받으세요.

사람1	사람2
공깃밥	반찬, 물
불고기 2인분	맥주, 컵
김치	콜라, 사이다

표현

직원이 주문을 받을 때	손님이 주문을 더 할 때
• 잠깐만 기다리세요. • 알겠습니다.	• 저기요! • 반찬도 좀 더 주세요.

읽어 봅시다

다음을 읽고 질문에 답하세요.

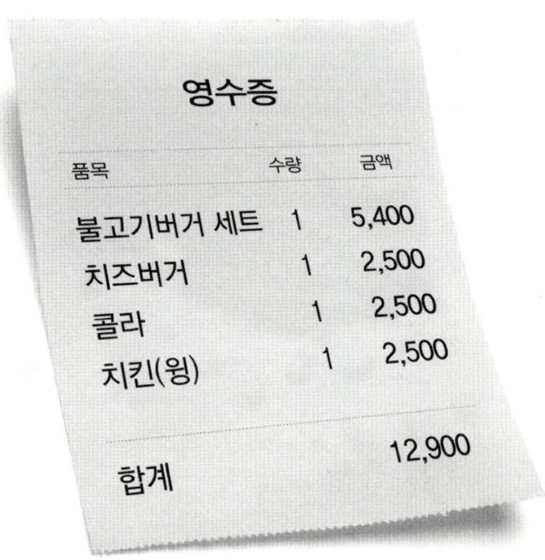

영수증

품목	수량	금액
불고기버거 세트	1	5,400
치즈버거	1	2,500
콜라	1	2,500
치킨(윙)	1	2,500
합계		12,900

1. 식당에서 무엇을 먹어요?

____

2. 치킨은 몇 개 주문해요?

____

1 여러분은 친구와 커피숍에 가고 싶어요, 햄버거 가게에 가고 싶어요? 주문해 보세요.

Coffee

	hot	ice
아메리카노	3.0	3.5
카페라테	3.5	4.0
녹차	3.0	3.5
유자차	4.0	4.5
과일주스 (사과, 바나나)	5.0	

Menu

		세트
불고기버거	3.7	4.5
치즈버거	4.5	5.5
피자	10.0	
콜라	2.0	
커피	2.0	

표현

- 따뜻한 거요?
- 시럽 넣어 드릴까요?
- 여기서 드세요, 가지고 가세요?
- 포장해 주세요. 싸 주세요.
- 여기서 먹을 거예요.

문화를 알아봅시다

숟가락, 젓가락을 사용해요.

- 여러분 나라에는 어떤 식사 예절이 있어요?
- 한국과 여러분 나라의 식사 예절을 비교해 보세요.

	한국	나의 고향
그릇을 손에 들고 먹어요.		
식사를 할 때 한 손을 사용해요.		
식사를 할 때 숟가락을 사용해요.		
어른이 먼저 식사를 시작할 때까지 기다려요.		

동영상을 봅시다

8

좀 깎아 주세요.

- 여기는 어디예요?
- 시장에 자주 가요?
- 시장에서 보통 무엇을 사요?

따라 하세요

Track 08-1

- 좀 깎아 주세요.
- 배추가 비싸네요.
- 고기만두 1인분 주시고 김치만두 1인분은 포장해 주세요.

❶ 무 ❷ 양파 ❸ 감자 ❹ 수박 ❺ 사과
❻ 포도 ❼ 복숭아 ❽ 배 ❾ 양배추 ❿ 파

준비① -아/어 주세요

예문

- 문 좀 열어 주세요.
- 다시 가르쳐 주세요.

형태

-아 주세요
가 주세요
받아 주세요
-어 주세요
일어서 주세요
읽어 주세요
해 주세요
준비해 주세요

활용 파티 준비를 합니다. 친구에게 부탁하세요.

사진을 찍다　　청소를 하다　　케이크를 만들다　　음식을 준비하다

가: 에디 씨, 사진 좀 찍어 주세요.

나: 네, 그럴게요.

예문

- 운동을 하고 밥을 먹어요.
- 책을 읽고 쉬어요.

형태

-고
만나고
먹고

활용 에디 씨와 미셸 씨의 생활 습관입니다. 무엇을 먼저 해요?

	생활 습관	에디	미셸
1	운동하다 / 밥을 먹다	밥 → 운동	운동 → 밥
2	물을 마시다 / 밥을 먹다	물 → 밥	밥 → 물
3	숙제를 하다 / 텔레비전을 보다	숙제 → 텔레비전	텔레비전 → 숙제
4	선물을 보다 / 카드를 읽다	카드 → 선물	선물 → 카드
5	이를 닦다 / 샤워를 하다	이 → 샤워	샤워 → 이

가: 에디 씨는 운동하고 밥을 먹어요? 밥을 먹고 운동해요?
나: 저는 밥을 먹고 운동해요. 미셸 씨는요?
가: 저는 운동을 하고 밥을 먹어요.

준비 ③ -네요

예문

- 수박이 좀 비싸네요.
- 한국어를 잘하네요.

형태

-네요
싸네요
작네요

활용 재래시장에 갔어요. 여러분의 느낌을 말해 보세요.

보기

① 채소가 싱싱하다
② 물건이 좋다
③ 값이 싸다
④ 가게가 많다

시장에서 채소 사기 과제①

Track 08-2

동영상을 봅시다 나트 씨가 채소 가게에 갔습니다. 채소의 가격을 묻고 채소를 삽니다.

뭘 사요?

얼마예요?

가게 주인	어서 오세요.
나 트	이 배추는 얼마예요?
가게 주인	한 통에 2,000원이에요.
나 트	배추가 비싸네요. 좀 깎아 주세요.
가게 주인	그럼 세 통에 5,000원만 주세요.
나 트	고마워요.

발음 Track 08-3

- 이천 원이에요[이처눠니에요]
- 깎아 주세요[까까주세요]
- 5,000원[오처눤]

대화해 봅시다

사람1 • 채소 가게 주인입니다. 손님에게 물건을 파세요.

사람2 • 손님입니다. 채소를 사세요.

1) 

2,000원/1단

2) 

4,500원/5개

3) 

2,500원/1개

4) 

3,500원/1통

표현

가게 주인이 물건을 팔 때	손님이 물건을 살 때
• 어서 오세요. • 한 통(/단/개)에 2,000원이에요. • 그럼 세 통(/단/개)에 5,000원만 주세요. • 또 오세요.	• 이 배추는 얼마예요? • 이 배추는 어떻게 해요? • 좀 비싸네요. 깎아 주세요. • 세/네 통 주세요. • 여기 5,000원요.

들어 봅시다

엔젤 씨는 채소를 사러 시장에 갔습니다. 다음을 잘 듣고 질문에 답하세요. Track 08-4

1. 엔젤 씨는 무엇을 샀어요?

① 

② 

③ 

④ 

2. 다시 한번 잘 들으세요. 무엇을 샀어요? 얼마예요? 쓰세요.

채소	가격
배추 (두) 통	원
오이 (　　)개	원

분식점에서 음식 주문하기

과제 ②

Track 08-5

동영상을 봅시다 나레카 씨가 시장에 있는 분식집에 갔습니다.

- 여기는 어디예요?
- 뭘 주문해요?

아주머니 어서 오세요. 뭘 드릴까요?

나 레 카 고기만두 1인분 주시고, 김치만두 1인분은 포장해 주세요.
고기만두는 여기서 먹고 갈 거예요.

아주머니 네, 여기 고기만두요. 맛있게 드세요.

나 레 카 고기만두가 맛있네요.

발음 Track 08-6

- 1인분[이린분]
- 맛있게[마딛께/마싣께]
- 맛있네요[마딘네요/마신네요]

☐ 고기만두 ☐ 김치만두 ☐ 맛있게 드세요

대화해 봅시다

사람1 • 분식집 주인입니다. 손님에게 주문한 음식을 주세요.

사람2 • 손님입니다. 음식을 주문하고 포장도 부탁하세요.

우리 식당 메뉴

만두
1인분
3,000원

떡볶이
1인분
2,500원

순대
1인분
3,000원

어묵
1개
500원

김밥
1줄
3,000원

튀김
1개
1,000원

표현

가게 주인이 물건을 팔 때	손님이 물건을 살 때
• 뭘 드릴까요? • 여기 고기만두/튀김 나왔어요. • 맛있게 드세요.	• 고기만두/김치만두 1인분 주세요. • 포장해 주세요. • 여기서 먹고 갈 거예요.

들어 봅시다

나레카 씨는 시장에서 과일을 사려고 합니다. 다음을 잘 듣고 질문에 답하세요. Track 08-7

1. 나레카 씨는 무엇을 샀어요?

①

②

③

2. 모두 얼마예요?

① 5,500원 ② 7,000원 ③ 11,000원 ④ 12,000원

1 생선 가게입니다. 생선을 사 보세요.

표현

- 뭐 찾아요? / 뭐 드릴까요?
- 싸게 줄게요. / 깎아 드릴게요.
- 여기 거스름돈이요.
- 이거 어떻게 해 먹어요?
- 싱싱한 걸로 주세요.
- 손질해 주세요.

문화를 알아봅시다

지폐 속의 사람은 누구예요?

여러분 나라의 돈에도 사람이 있어요? 한국 지폐 속의 사람은 모두 네 명이에요. 한국 사람들이 존경하는 조선 시대 사람들이에요.

이황
조선 시대 학자

이이
조선 시대 학자

세종대왕
조선 시대 왕
한글 창제

신사임당
조선 시대 학자
이이의 어머니

여러분 나라의 화폐에는 어떤 분들이 있어요?

동영상을 봅시다

9

주말에 친구하고 등산했어요.

보통 주말에 뭐 해요?

지난 주말에 뭐 했어요?

어제 뭐 했어요?

따라 하세요

Track 09-1

- 주말 잘 보냈어요?
- 그래요?
- 정말 좋았겠어요.

❶ 헤드폰	❷ 오디오	❸ 산	❹ 나무
❺ 돌	❻ 건물(빌딩)	❼ 영화관	❽ 하늘

준비❶ -았/었-

예문

- 한국 영화를 봤어요.
- 피아노를 배웠어요.
- 친구하고 등산했어요.

형태

-았어요
갔어요
봤어요
-었어요
먹었어요
쉬었어요
했어요
공부했어요
운동했어요

활용 지난 주말에 무엇을 했어요? 친구들과 이야기해 보세요.

	장소	같이 한 사람	한 일	느낌
1	시내	가족	외식하다	아주 즐겁다
2	놀이터	아이	놀다	조금 피곤하다
3	영화관	친구	영화를 보다	재미있다
4	노래방	가족들	노래를 부르다	행복하다
5	한식당	친구들	식사를 하다	맛있다

가: 주말에 뭐 했어요?

나: 시내에서 가족과 같이 외식했어요. 아주 즐거웠어요.

-아/어서

예문

- 친구하고 만나서 밥을 먹어요.
- 빵을 만들어서 먹어요.
- 요리해서 친구랑 먹어요.

형태

-아서
가서
앉아서
-어서
먹어서
마셔서
해서
공부해서
운동해서

활용 나레카 씨는 어제 뭐 했어요? 그림을 보고 이야기해 보세요.

1) 7:30

일어나다
→

세수하고 이를 닦다

2) 8:00

아침 식사를 만들다
→

가족과 같이 먹다

3) 9:00

센터에 가다
→

한국어를 공부하다

4) 12:00

친구를 만나다
→

식당에서 점심 식사를 하다

5) 5:00

집에 오다
→

가족과 함께 저녁 식사를 하다

저는 아침 7:30에 일어나서 이를 닦았어요

준비 ③ ㄷ 불규칙

예문

- 음악을 들어요.
- 많이 걸으세요.

형태

동사	-어/어요	-았/었어요	-(으)세요
듣다	들어요	들었어요	들으세요
걷다	걸어요	걸었어요	걸으세요

활용 친구들은 지난 토요일에 뭐 했어요? 그림을 보고 이야기해 보세요.

		이유	한 일
1		생일이다	선물을 받다
2		너무 피곤하다	집에서 음악을 듣다
3		날씨가 좋다	남편(/아내)과 공원에서 걷다
4		마트가 문을 닫다	재래시장에 가다

지난 토요일은 제 생일이었어요.
그래서 선물을 받았어요.

돋보기

- '받다', '닫다'는 규칙

주말에 한 일 이야기하기

Track 09-2

동영상을 봅시다 에디 씨와 나레카 씨가 지난 주말에 대해서 이야기합니다.

나레카 씨는 주말에 뭐 했어요?

에디 씨는 주말에 뭐 했어요?

에 디	나레카 씨, 주말 잘 보냈어요?
나레카	네, 친구하고 산에 가서 등산했어요. 정말 많이 걸었어요. 에디 씨는요?
에 디	저는 집에서 쉬었어요. 혼자서 영화도 보고 음악도 들었어요.
나레카	영화가 어땠어요?
에 디	정말 재미있었어요.

발음 Track 09-3

- 보냈어요[보내써요]
- 어땠어요[어때써요]
- 재미있었어요[재미이써써요]

☐ 보내다 ☐ 산 ☐ 등산하다 ☐ 혼자서 ☐ 정말

대화해 봅시다

사람1 •지난 주말에 대해 물어보세요.

사람2 •지난 주말에 대해 대답하세요.

	사람1				사람2			
	장소	누구와	한 일	느낌	장소	누구와	한 일	느낌
1	안산	가족	등산하다	힘들다	집	혼자서	영화를 보다 음악을 듣다	재미있다
2	집	혼자서	음악을 듣다	음악이 좋다	노래방	부모님	노래를 부르다	즐겁다
3	공원	아이	자전거를 타다	피곤하다	식당	가족	외식을 하다	행복하다
4	놀이터	아이	놀다	피곤하다	공원	가족	걷다	좋다

표현

지난 주말에 대해 물어볼 때	같이 한 사람을 이야기할 때
• 주말 잘 보냈어요? • 주말 어떻게 보냈어요?	• 친구랑 등산했어요. • 아이하고 놀았어요.

들어 봅시다

주말에 한 일에 대해 이야기합니다. 다음을 잘 듣고 질문에 답하세요. Track 09-4

1. 나트 씨는 주말에 뭐 했어요? 모두 고르세요.

① 
② 
③ 

④ 

2. 자가 씨는 주말에 뭐 했어요? 모두 고르세요.

① 
② 
③ 

④ 

어제 한 일 이야기하기 과제 2

Track 09-5

동영상을 봅시다 에디 씨와 자가 씨가 지난 일에 대해서 이야기합니다.

- 자가 씨가 어제 수업에 왔어요?
- 자가 씨는 어제 가족하고 뭐 했어요?

에디 자가 씨, 어제 수업에 왜 안 왔어요?

자가 고향에서 가족이 왔어요. 그래서 조금 바빴어요.

에디 그래요? 가족하고 뭐 했어요?

자가 식당에 가서 불고기를 먹고, 남산에 가서 남산서울타워를 구경했어요.

에디 아, 그래요. 정말 좋았겠어요.

발음 Track 09-6

- 안 왔어요[아놔써요]
- 가족하고[가조카고]
- 먹고[먹꼬]
- 좋았겠어요[조앋께써요]

☐ 남산 ☐ 남산서울타워 ☐ 구경하다

대화해 봅시다

사람1 • 친구가 어제 수업에 안 왔습니다. 안 온 이유를 묻고 무엇을 했는지 물어보세요.

사람2 • 어제 수업에 못 갔습니다. 못 간 이유를 친구에게 말하고 무엇을 했는지 대답하세요.

	사람 2	
	결석 이유	한 일
1	고향에서 가족이 오다	• 가족하고 식당에 가다 → 불고기를 먹다 • 남산에 가다 → 남산서울타워를 구경하다
2	아이 생일이다	• 장을 보다 → 요리를 하다 • 아이 친구들을 집에 초대하다 → 생일 파티를 하다
3	고향에서 친구가 오다	• 박물관에 가다 → 전통 물건들을 구경하다 • 근처 해변에 가다 → 수영하다
4	남편/아내 휴가이다	• 부산 여행을 가다 → 사진을 많이 찍다 • 식당에 가다 → 부산 음식을 먹다
6		

표현

걱정하며 이유를 물을 때	공감하며 말할 때
• 어제 왜 안 왔어요? • 어제 무슨 일 있었어요? • 무슨 일 있는 거 아니지요?	• 정말 좋았겠어요. • 아주 재미있었겠네요. • 너무 즐거웠겠군요.

말해 봅시다

친구들과 지난 일에 대해 이야기하고 메모해 보세요.

이름	지난 주말에	어제 수업 후에	작년에
친구1			
친구2			
친구3			

어디에 갔어요?

누구하고 갔어요?

뭐 했어요?

어땠어요?

1 다음을 읽고 질문에 답하세요.

저는 지난 휴가에 제주도에 갔습니다. 남편하고 딸하고 같이 갔습니다. 날씨도 맑고 바다가 아주 아름다웠습니다. 첫째 날에는 바다에서 수영을 했습니다. 바닷물이 참 맑았습니다. 그리고 식당에 가서 흑돼지 삼겹살을 먹었습니다. 아주 맛있었습니다. 둘째 날에는 한라산도 등산하고 올레길도 걸었습니다. 저녁에는 해변 축제에 가서 케이팝을 들었습니다. 정말 재미있었습니다.

1) 제주도에 누구하고 여행을 갔어요?

____

2) 무엇을 먹었어요?

____

3) 둘째 날에는 무엇을 했어요?

____

2 여러분은 지난 휴가(/방학)에 어디에 갔어요? 무엇을 했어요?
지난 휴가(/방학)에 대해서 친구하고 이야기해 보세요.

문화를 알아봅시다

한국 사람들은 등산을 좋아해요.

등산, 음악 감상, 운동, 게임, 독서, 영화 관람은 한국인의 대표적인 취미예요. 이 중 등산은 한국인이 가장 좋아하는 취미예요. 특히 중년층 이상의 남성들이 등산을 좋아해요. 한국은 국토의 75%가 산이기 때문에 등산을 하기가 쉬워요. 그래서 주말이면 가족끼리, 친구끼리 등산을 가는 사람이 많아요. 등산을 하면 운동도 되고, 스트레스를 푸는 데도 좋아요. 그리고 등산 후에는 막걸리, 파전 등을 먹으며 간단한 식사를 하기도 해요.

여러분 나라의 사람들은 어떤 취미를 가지고 있어요?

동영상을 봅시다
1
2
5
6
8
6
1 2 3
5 6 7 8 9 10
13 14 15 16 17
20 21 22 23 24
27 28 29 30

10

가족과 놀이공원에 갈 거예요.

주말에 보통 어디에 가요?

주말에 무엇을 해요?

다음 주말에 뭐 할 거예요?

따라 하세요

Track 10-1

- 이번 주말에 어디 가요?
- 아, 그래서 사만나가 기분이 좋군요.
- 우리 같이 가요.

❶ 냉장고 ❷ 달력 ❸ 소파 ❹ 테이블
❺ 세탁기 ❻ 빨래 ❼ 쿠션 ❽ 빨래 바구니

준비❶ -(으)ㄹ 거예요 1

예문

- 오후에 친구를 만날 거예요.
- 저녁에 불고기를 먹을 거예요.

형태

-ㄹ 거예요
볼 거예요
-을 거예요
찾을 거예요

활용 이번 달에 무엇을 할 거예요? 달력을 보고 이야기해 보세요.

일요일	월요일	화요일	수요일	목요일	금요일	토요일
				1 운동	2	3 한국어 수업
4 ←	5 부산여행	6 →	7	8 운동	9	10 한국어 수업
11	12	13 태권도 수업	14	15 운동	16	17 한국어 수업
18 도서관	19 시험	20	21	22 운동	23	24 한국어 수업
25	26 병원	27	28	29 운동	30	

가: 1월 3일에 뭐 할 거예요?

나: 다문화가족지원센터에 갈 거예요.
한국어를 공부할 거예요.

예문

- 가: 주말에 뭐 해요?
  나: 집에서 쉬거나 운동을 해요.
- 저녁에 책을 읽거나 텔레비전을 봐요.

형태

-거나
보거나
읽거나

활용 무엇을 할 거예요? 표를 보고 묻고 대답해 보세요.

	언제	계획	
1	수업 후	□ 집에서 숙제 하다	□ 텔레비전을 보다
2	저녁	□ 운동을 하다	□ 영화를 보다
3	내일	□ 책을 읽다	□ 고향 부모님께 전화를 하다
4	주말	□ 여수에 가다	□ 경주에 가다
5	다음 주	□ 집에서 쉬다	□ 가족들과 여행을 가다

가: **한국어 수업 후에 뭐 할 거예요?**
나: **숙제를 하거나 텔레비전을 볼 거예요.**

준비 ③ -(으)러 가다/오다

예문

- 가: 어디에 가요?
  나: 마트에 과일 사러 가요.
- 우리 집에 저녁 먹으러 오세요.

형태

-러 가다/오다
보내러 가다/오다
-으러 가다/오다
받으러 가다/오다

활용 다음 장소에 왜 가요? 이야기해 보세요.

1) 환전을 하다 2) 통장을 만들다 — 은행
3) 과일을 사다 4) 옷을 사다 — 마트
5) 책을 빌리다 6) 공부하다 — 도서관
7) 산책하다 8) 자전거를 타다 — 공원

가: 어디 가요?
나: 은행에 환전하러 가요.

연휴 계획 이야기하기

Track 10-2

동영상을 봅시다 친구와 연휴 계획을 묻고 답합니다.

- 엔젤 가족은 연휴에 어디에 가요?
- 사만나는 왜 기분이 좋아요?

나레카	엔젤 씨, 이번 연휴에 뭐 할 거예요?
엔 젤	하루는 사만나의 친구 가족과 함께 놀이공원에 갈 거예요.
나레카	아, 그래서 사만나가 아주 기분이 좋군요.
엔 젤	네. 그리고 또 하루는 집에서 쉬거나 부모님 댁에 갈 거예요.

발음 Track 10-3

- 좋군요[조쿤뇨]
- 갈 거예요[갈꺼예요]

☐ 연휴 ☐ 하루 ☐ 함께 ☐ 놀이공원 ☐ 기분 ☐ 또 ☐ 댁

대화해 봅시다

사람1 • 연휴에 누구와 같이 무엇을 할지 계획을 물어보세요.

사람2 • 연휴에 누구와 같이 무엇을 할지 계획을 대답하세요.

언제 해요?	누구와 해요?	무엇을 해요?
1일	☐ 부모님 ☐ 가족 ☐ 친구 ☑ 친구의 가족 ☐ 남편/아내 ☐	☑ 놀이공원에 가다 ☐ 영화관에서 영화를 보다 ☐ 운동을 하다 ☐ 쉬다 ☐ 일하다 ☐
1일	☐ 부모님 ☑ 가족 ☐ 친구 ☐ 혼자서 ☐ 남편/아내 ☐	☑ 부모님 댁에 가다 ☐ 등산하다 ☐ 마트에 가다 ☐ 한국어 숙제를 하다 ☐ 잠을 많이 자다 ☐

표현

주말 계획을 물어볼 때	주말 계획을 대답할 때
• 연휴에 어디에 가요? • 연휴 계획이 있어요? • 연휴에 뭐 할 거예요?	• 놀이공원에 갈 거예요. • 수영을 하거나 등산을 할 거예요. • 백화점에 가거나 아니면 시장에 갈 거예요.

들어 봅시다

석훈 씨가 여름 휴가에 대하여 이야기합니다. 다음을 잘 듣고 질문에 답하세요. Track 10-4

1. 석훈 씨는 뭐 할 거예요? 모두 ○ 하세요.

① 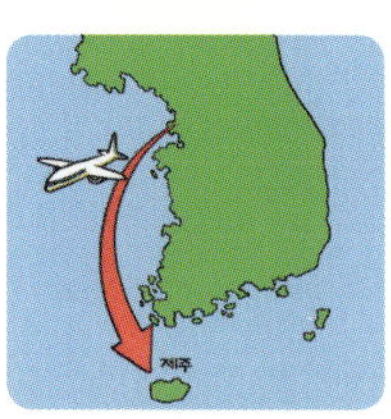 (　　)

②  (　　)

③  (　　)

④  (　　)

장소에 가는 목적 이야기하기

과제 2

Track 10-5

동영상을 봅시다 회사입니다. 나레카 씨가 수진 씨에게 주말 계획을 물어봅니다.

- 수진 씨는 주말에 어디에 가요?
- 나레카 씨는 주말에 어디에 가요?

나레카	수진 씨, 이번 주말에 어디 가요?
수 진	가족 선물을 사러 시장에 갈 거예요. 나레카 씨는요?
나레카	저는 일요일 오후에 박람회를 보러 서울에 갈 거예요.
수 진	저도 일요일 오후에는 시간이 있어요. 우리 같이 가요.
나레카	좋아요.

발음 Track 10-6

- 박람회[방남회]

☐ 박람회

대화해 봅시다

사람1 • 주말에 어디에 가는지, 그곳에 가는 목적을 물어보세요.

사람2 • 주말에 어디에 가는지, 그곳에 가는 목적을 대답하세요.

장소	목적
□ 서울	□ 박람회를 가다
□ 시장	□ 선물을 사다
□ 백화점	□ 장을 보다 / 쇼핑하다
□ 학교	□ 친구 만나다
□ 식당	□ 산책하다
□ 공원	□ 운동하다
□	□

표현

주말 계획을 물어볼 때	가는 목적을 말할 때
• 이번 주말에 어디 가요? • 주말에 뭐할 거예요?	• 선물을 사러 동대문 시장에 갈 거예요. • 우체국에 소포를 보내러 가요.

말해 봅시다

다문화가족지원센터를 다니는 목적이 무엇이에요? 이야기해 보세요.

1 앞으로의 나의 계획을 써 봅시다. 그리고 친구들에게 말해 보세요.

요즘	내년	5년 후	10년 후
한국어 초급 졸업			

저는 요즘 한국어 공부를 열심히 합니다. 그래서 꼭 초급을 졸업할 겁니다. 내년에는 ______________

____

____

____

문화를 알아봅시다

한국 사람들은 주말에 뭐해요?

한국 사람들은 주말에 보통 휴식을 취하거나 집안일을 해요. 또 컴퓨터 게임이나 인터넷 검색 등을 하기도 해요. 이 외에도 집 근처에서 가벼운 운동을 하거나 취미 활동을 해요. 하지만 시간과 돈이 있으면 '여행'을 많이 하고 싶어 해요.

여러분은 주말에 무엇을 해요? 여러분 나라의 사람들은 주말에 보통 뭐 해요?

한국 사람	나	친구	다른 나라 친구
휴식 집안일 TV 시청 컴퓨터 게임, 인터넷 검색			

동영상을 봅시다
8
4
60
③ 광화문
③ 광화문
개인
POLICE
7
2
1
TAXI
모범
개인
3
DELUXE TAXI
모범택시
개 인

11

터미널에 어떻게 가요?

- 주말에 어디에 갈 거예요?
- 무엇을 탈 거예요?
- 거기까지 시간이 얼마나 걸려요?

따라 하세요

Track 11-1

- 죄송하지만 몇 번 버스가 시청에 가요?
- 그런데 시청까지 얼마나 걸려요?
- 실례지만 고속버스 터미널에 어떻게 가요?

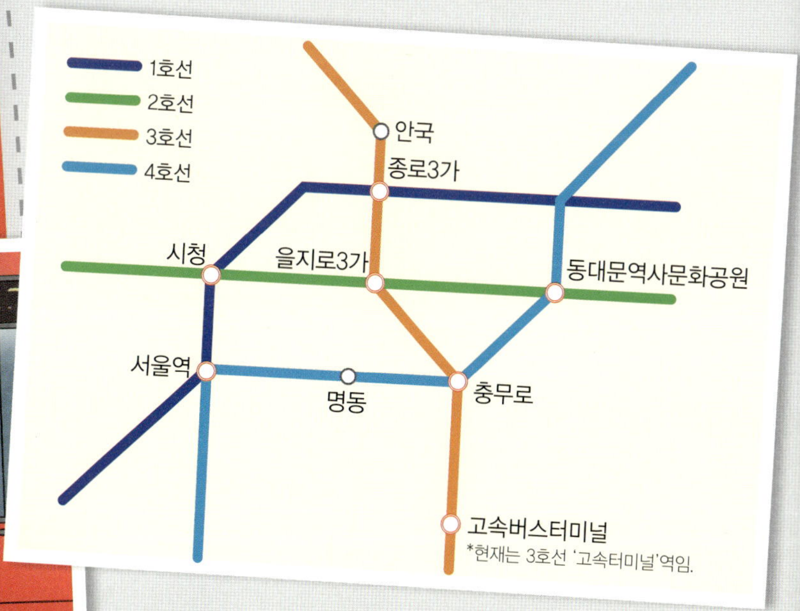

❶ 모범택시 ❷ 횡단보도 ❸ 도로 ❹ 신호등
❺ 버스 정류장 ❻ 지팡이 ❼ 유모차 ❽ 하늘

준비 ① -(으)려고 하다

예문

- 고향에 가려고 해요.
- 김밥을 먹으려고 해요.

형태

-려고 하다
가려고 하다
-으려고 하다
읽으려고 하다

활용 주말에 뭐 하려고 해요? 주말 계획을 이야기해 보세요.

친구를 만나다	친구를 집에 초대하다	아이와 놀러 가다	집에서 쉬다
책을 읽다	선물을 사러 가다	고향 음식을 만들어서 먹다	영화를 보다

1) 

2) 

3) 

4) 

5) 

6) 

7) 

8) 

가: 주말에 뭐 할 거예요?
나: 친구를 만나려고 해요.

예문

- 택시로 왔어요.
- 젓가락으로 먹어요.

형태

로
버스로
으로
인터넷으로

돋보기

- 연필으로(×) → 연필로(○)
  지하철으로(×) → 지하철로(○)

활용 다문화가족지원센터에 어떻게 와요? 이야기해 보세요.

가: 다문화가족지원센터에 어떻게 와요?
나: 버스로 와요.

돋보기

- 걸어서 가요.
- 걸어서 와요.

준비 3 에서/까지

예문

- 가: 서울에서 부산까지 어떻게 가요?
  나: KTX로 가요.
- 태국에서 한국까지 6시간 걸려요.

형태

에서 까지
서울에서 부산까지
집에서 학교까지

활용 고향까지 시간이 얼마나 걸려요? 이야기해 보세요.

가: 서울에서 태국까지 시간이 얼마나 걸려요?
나: 6시간쯤 걸려요.

교통편과 소요 시간 묻기

과제 1

Track 11-2

동영상을 봅시다 엔젤 씨가 길을 묻습니다.

- 엔젤 씨는 어디에 가요?
- 시청까지 시간이 얼마나 걸려요?

엔젤	저기요, 시청에 가려고 해요. 죄송하지만 몇 번 버스가 시청에 가요?
행인	502번을 타세요.
엔젤	감사합니다. 그런데 시청까지 얼마나 걸려요?
행인	30분쯤 걸려요.
엔젤	고맙습니다.

발음 Track 11-3

- 몇 번[멷뻔]
- 감사합니다[감사함니다]
- 고맙습니다[고맙씀니다]

☐ 죄송하다 ☐ 번

대화해 봅시다

사람1 • 교통편과 소요 시간을 물어보세요.

사람2 • 교통편과 소요 시간을 알려 주세요.

	사람1		사람2	
	가는 곳	교통	교통편	걸리는 시간
1	광화문	버스	버스 502번	30분쯤
2	명동	버스	버스 7011번	30분쯤
3	강남	지하철	지하철 2호선	1시간쯤
4	고속버스 터미널	지하철	지하철 3호선	40분쯤
5				

표현

교통편을 물어볼 때	교통편을 가르쳐 줄 때
• 저기요, 몇 번 버스가 광화문에 가요?	• 502번 버스를 타세요.
• 실례지만, 광화문에 어떻게 가요?	• 지하철 3호선을 타세요.
• 지하철 몇 호선이 강남에 가요?	• 죄송해요, 저도 잘 몰라요.

들어 봅시다

여자가 길을 물어봅니다. 다음을 잘 듣고 질문에 답하세요. Track 11-4

1. 여자는 어디에 가려고 해요?

① 사당 ② 명동 ③ 지하철역 ④ 버스 정류장

2. 맞으면 ○, 틀리면 × 하세요.

① 버스는 명동에 안 가요. ( )

② 명동까지 지하철로 1시간쯤 걸려요. ( )

③ 이 사람은 명동에 버스로 갈 거예요. ( )

교통편 묻고 답하기

Track 11-5

동영상을 봅시다 나트 씨가 길을 물어봅니다.

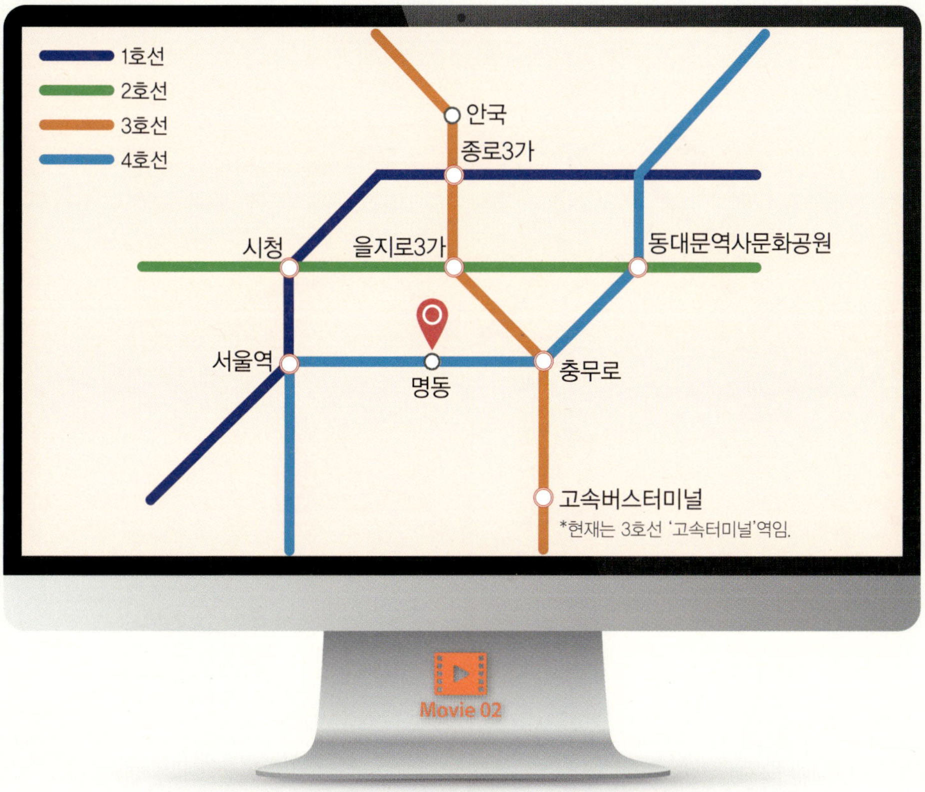

나트 씨는 어디에 가요?

나트 씨는 어디에서 갈아타요?

나트 저기요! 실례지만 고속버스 터미널에 어떻게 가요?

행인 저기 명동역에서 4호선을 타세요.
그리고 충무로역에서 3호선으로 갈아타세요.

나트 어디에서 내려요?

행인 고속버스터미널역에서 내리세요.
고속버스 터미널은 3호선 고속버스터미널역에 있어요.

나트 감사합니다.

발음 Track 11-6

- 고속버스[고속뻐스]
- 어떻게[어떠케]

☐ 실례 ☐ 갈아타다 ☐ 내리다

대화해 봅시다

사람1 • 지하철을 타고 다음 장소에 가려고 합니다. 어떻게 가는지 물어보세요.

사람2 • 지하철로 어떻게 가는지 가르쳐 주세요.

*현재는 3호선 '고속터미널'역임.

표현

길을 물어볼 때	길을 가르쳐 줄 때
• 고속버스 터미널에 어떻게 가요? • 어디에서 갈아타요?	• 명동역에서 4호선을 타세요. • 사당역에서 4호선으로 갈아타세요.

말해 봅시다

오늘은 택시를 타고 다문화가족지원센터에 갑니다. 이야기해 보세요.

도전

1 여러분은 주말에 어디에 가고 싶어요? 거기에 어떻게 가요? 이야기해 보세요.

사람1 •가고 싶은 곳을 메모하고 길을 물어보세요.

사람2 •인터넷으로 길을 찾아서 가는 방법을 가르쳐 주세요.

가고 싶은 곳	
가는 방법	

표현

길을 물어볼 때	길을 가르쳐 줄 때
• 명동에 어떻게 가요? • 어디에서 갈아타요?	• 지하철/버스/택시로 가세요. • 사당역에서 4호선으로 갈아타세요.

문화를 알아봅시다

교통 카드 하나로 뚝딱!

한국은 대중교통이 매우 발달되어 있어요. 대도시에서는 지하철, 버스를 탈 때 현금 대신 교통 카드와 신용 카드(교통 카드 기능 추가)를 많이 사용해요.

교통 카드나 신용 카드로 요금을 내면 할인을 받을 수 있어요. 또 버스나 지하철을 갈아탈 때는 무료로 탈 수 있어요. 무료로 타려면 30분 내에 갈아타야 해요. 하루에 4번까지 무료로 탈 수 있어요.

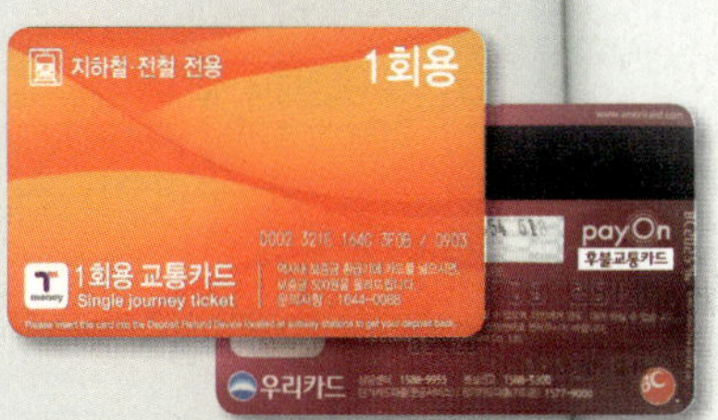

여러분 나라에서는 대중교통 요금을 어떻게 내요? 친구들과 이야기해 보세요.

한국	나의 고향	친구	친구
• 현금 • 신용 카드/교통 카드			

동영상을 봅시다
1
8
멸치액젓
고추장
새우젓
4

12

김치를 만들 수 있어요.

여러분은 김치를 만들 수 있어요?

소고기를 먹을 수 있어요?

된장찌개를 만들 수 있어요?

따라 하세요

Track 12-1

- 한국 음식도 괜찮아요?
- 다행이네요.
- 아, 그렇군요.

❶ 김치냉장고	❷ 배추	❸ 장독	❹ 칼
❺ 파	❻ 마늘	❼ 뚝배기	❽ 김치통
❾ 믹서	❿ 토스트기	⓫ 뒤집개	⓬ 국자

준비 1 –지만

예문

- 술은 마시지만 커피는 안 마셔요.
- 소고기는 먹지만 돼지고기는 안 먹이요.

형태

–지만
가지만
먹지만

활용 나트 씨는 부산 여행을 했습니다. 부산이 어땠어요? 그림을 보고 이야기해 보세요.

1) 

부산 여행
멀다 / 재미있다

2) 

고속 열차
빠르다 / 비싸다

3) 

부산 바다
사람이 많다 / 아름답다

4) 

부산 음식
맵다 / 맛있다

5) 

생선회
맛있다 / 비싸다

6) 

부산 말
빠르다 / 재미있다

가: 부산 여행이 어땠어요?

나: 집에서 멀지만 재미있었어요.

-(으)ㄹ 수 있다/없다 준비 ❷

예문

- 커피를 마실 수 있어요.
- 김치를 먹을 수 없어요.
- 가: 한국말을 할 수 있어요?
  나: 네, 조금 할 수 있어요.

형태

-ㄹ 수 있다/없다
갈 수 있다/없다
-을 수 있다/없다
먹을 수 있다/없다

활용 여러분 친구들은 무엇을 할 수 있어요? 친구들과 이야기해 보세요.

한국말을 하다	된장찌개를 먹다	김치를 만들다
자전거를 타다	한국어책을 읽다	한국 노래를 부르다

1) 

2) 

3) 

4) 

5) 

6) 

가: **한국말을 할 수 있어요?**

나: **네, 할 수 있어요. / 아니요, 할 수 없어요.**

준비③ 못

예문

- 술을 못 마셔요.
- 한국어를 못해요.

형태

못
못 가요.
못 먹어요.

활용 여러분의 친구들은 무엇을 할 수 있어요? 이야기해 보세요.

고향 음식을 만들다	한국어를 하다	한국어로 메시지를 보내다
컴퓨터를 하다	술을 마시다	운전을 하다

1) 

2) 

3) 

4) 

5) 

6) 

가: 고향 음식을 만들 수 있어요?

나: 네. 만들 수 있어요. / 아니요. 못 만들어요.

한국 생활에 대해 묻고 답하기

Track 12-2

동영상을 봅시다 유미 씨가 나트 씨에게 한국 생활에 대하여 묻습니다.

- 나트 씨는 한국 생활이 어때요?
- 한국 음식은 어때요?

유미	나트 씨, 오랜만이에요. 그동안 잘 지냈어요?
나트	네, 잘 지냈어요.
유미	한국 생활이 이제 좀 어때요?
나트	이제 한국말을 좀 할 수 있어요. 그래서 재미있고 편해요.
유미	한국 음식도 괜찮아요?
나트	네, 맵지만 맛있어요. 이제 한국 음식을 다 잘 먹을 수 있어요.
유미	다행이네요.

발음 Track 12-3

- 괜찮아요[괜차나요]
- 맵지만[맵찌만]

☐ 오랜만 ☐ 이제 ☐ 한국말 ☐ 다 ☐ 다행이다

대화해 봅시다

사람1 • 친구에게 한국 생활이 어떤지 물어보세요.

사람2 • 친구에게 한국 생활이 어떤지 대답하세요.

		어때요?			
1	한국 생활	☑ 재미있다	☐ 재미없다	☑ 편하다	☐ 불편하다
	한국 음식	☑ 맵다	☐ 짜다	☑ 맛있다	☐ 맛없다
2	한국 사람	☐ 친절하다	☐ 불친절하다	☐ 재미있다	☐ 재미없다
	한국 날씨	☐ 좋다	☐ 나쁘다	☐ 덥다	☐ 춥다
3	한국어 공부	☐ 쉽다	☐ 어렵다	☐ 재미있다	☐ 재미없다
	한국 교통	☐ 싸다	☐ 비싸다	☐ 편하다	☐ 불편하다
4					

표현

한국 생활에 대하여 물어볼 때	한국 생활에 대하여 대답할 때
• 한국 생활이 어때요?	• 재미있지만 외로워요.
• 한국 음식은 괜찮아요?	• 매워요. 하지만 맛있어요.
• 한국어 공부가 어려워요?	• 재미있고 쉬워요.

들어 봅시다

나트 씨와 자가 씨가 제주도 여행에 대하여 이야기합니다. 다음을 잘 듣고 질문에 답하세요. Track 12-4

1. 제주도 여행은 어땠어요?

제주도 여행	① 가깝다	② 멀다	① 재미있다	② 재미없다
제주도 흑돼지	① 비싸다	② 싸다	① 맛있다	② 맛없다
한라산	① 힘들다	② 높다	① 아름답다	② 멋있다

능력 묻고 답하기

Track 12-5

동영상을 봅시다 자가 씨는 나트 씨와 무엇을 할 수 있는지 이야기합니다.

자가 씨는 김치를 만들 수 있어요?

자가 씨는 된장찌개를 만들 수 있어요?

나트	자가 씨, 김치를 만들 수 있어요?
자가	아니요, 만들 수 없어요.
나트	된장찌개는 만들 수 있어요?
자가	네, 만들 수 있어요. 된장찌개를 아주 좋아해요.
나트	아, 그렇군요.

발음 Track 12-6

- 만들 수[만들쑤]
- 그렇군요[그러쿤뇨]

대화해 봅시다

사람1 • 친구가 무엇을 할 수 있는지 물어보세요.

사람2 • 친구에게 무엇을 할 수 있는지 그리고 무엇을 할 수 없는지 대답하세요.

	할 수 있어요?	네	아니요	할 수 있어요?	네	아니요
1	김치를 만들다	☐	☑	된장찌개를 만들다	☑	☐
2	소주를 마시다	☐	☐	막걸리를 마시다	☐	☐
3	소고기를 먹다	☐	☐	돼지고기를 먹다	☐	☐
4	한국어를 하다	☐	☐	컴퓨터를 하다	☐	☐
5	✎	☐	☐	✎	☐	☐

표현

할 수 있는 것을 물어볼 때	할 수 있는/없는 것을 대답할 때
• 김치를 만들 수 있어요? • 뭘 마실 수 있어요? • 된장찌개를 만들 줄 알아요?	• 김치를 만들 수 없어요. • 된장찌개를 못 먹어요. • 회는 먹을 수 있지만 소주는 마실 수 없어요.

들어 봅시다

유미 씨와 나트 씨가 무엇을 할 수 있는지 이야기합니다. 다음을 잘 듣고 질문에 답하세요. Track 12-7

1. 나트 씨와 나트 씨의 남편은 무엇을 할 수 있습니까?

	할 수 있어요?	네	아니요
나트	한국어를 할 수 있다.	①	②
나트 남편	태국어를 할 수 있다.	①	②
	태국 음식을 만들 수 있다.	①	②

1 여러분은 무엇을 할 수 있어요? 잘해요? 친구들과 이야기해 보세요.

1	2	3	4	5
아주 잘	잘	보통이다	잘 못	전혀 못
한국어를 아주 잘해요.	한국어를 잘해요.	보통이에요.	한국어를 잘 못해요.	한국어를 전혀 못해요.

	무엇을 할 수 있어요?				잘해요?
외국어	□ 한국어	□ 영어	□ 중국어	□ ______	1 2 3 4 5
운동	□ 축구	□ 농구	□ 수영	□ ______	1 2 3 4 5
요리	□ 한국 요리	□ 중국 요리	□ ______		1 2 3 4 5
한국 노래	□ ______	□ ______	□ ______		1 2 3 4 5

가: **무슨 외국어를 할 수 있어요?**
나: **한국어를 할 수 있어요.**
가: **한국어를 잘해요?**
나: **아니요. 한국어를 잘 못해요.**

문화를 알아봅시다

한국 사람들은 노래를 정말 좋아해요.

한국 사람은 옛날부터 춤과 노래를 즐겼어요. 즐거울 때뿐만 아니라 슬플 때, 힘든 일을 할 때도 노래를 불렀어요. 한국인의 이러한 노래 사랑은 지금까지 이어져 오고 있어요. 그래서 한국에서는 회식이나 각종 모임에서도 노래와 춤이 빠지지 않아요. 또 텔레비전 노래 프로그램도 아주 많아요. 이런 문화가 한류, K-POP을 만들어 냈어요.

여러분 나라의 사람들도 노래를 좋아해요? 언제 노래를 불러요?

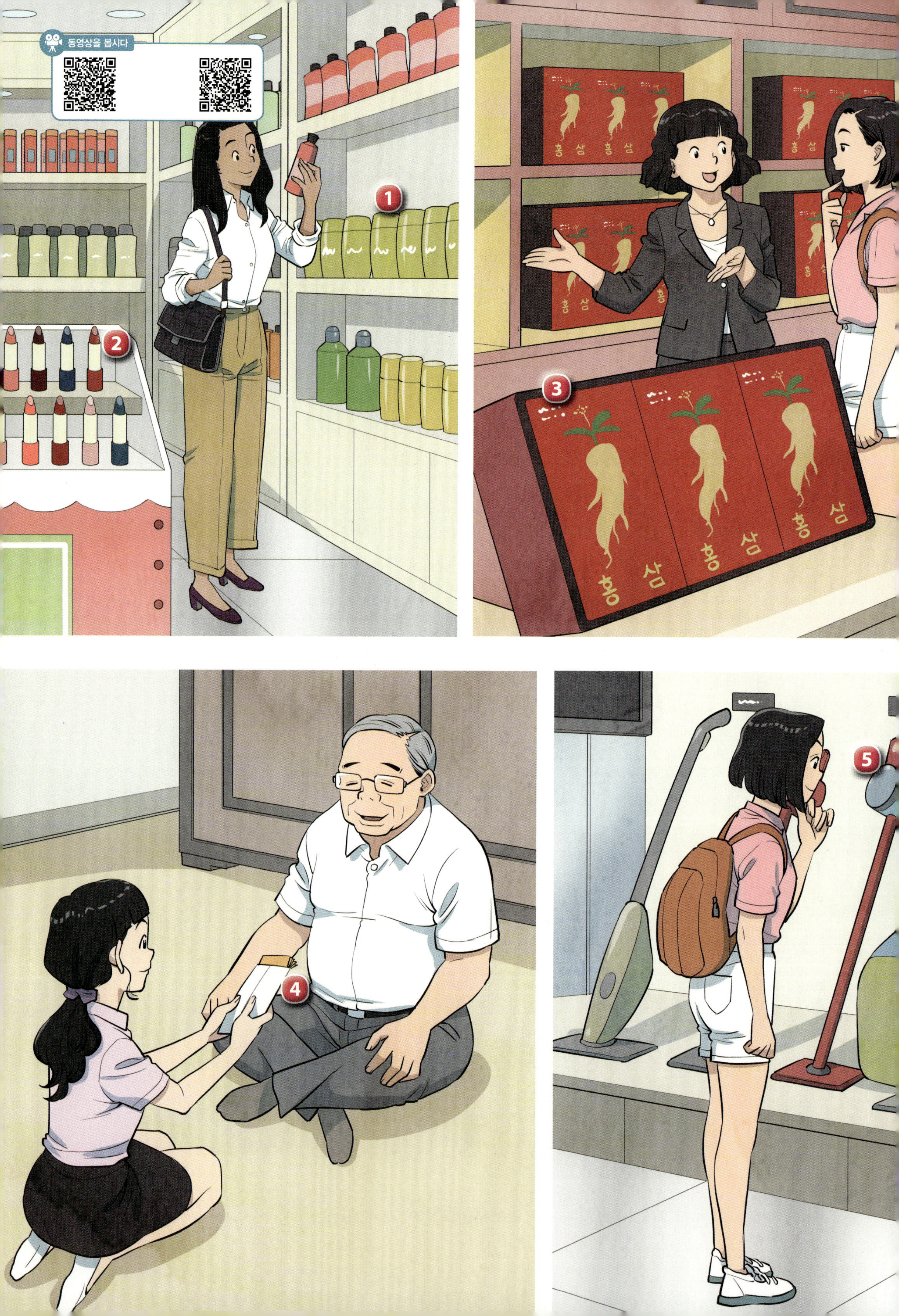
동영상을 봅시다
1
2
홍삼
3
홍삼 홍삼 홍삼
4
5

13

가족들에게 선물을 보내고 싶어요.

- 여기는 어디예요?
- 무엇을 사고 싶어요?
- 부모님께 무엇을 선물해요?

따라 하세요

Track 13-1

- 고향에 어머니 선물을 보내고 싶어요.
- 무엇을 도와드릴까요?
- 네, 좋아요. 그럼 그거 주세요.

❶ 화장품 ❷ 립스틱 ❸ 홍삼
❹ 용돈 ❺ 진공청소기 ❻ 선물 세트

준비① -고 싶다

예문

- 가족을 만나고 싶어요.
- 한국에서 취업하고 싶어요.

형태

-고 싶다
가고 싶다
먹고 싶다

활용 그림을 보고 이야기해 보세요.

1)

먹다

☑ 비빔밥 □ 만둣국

2)
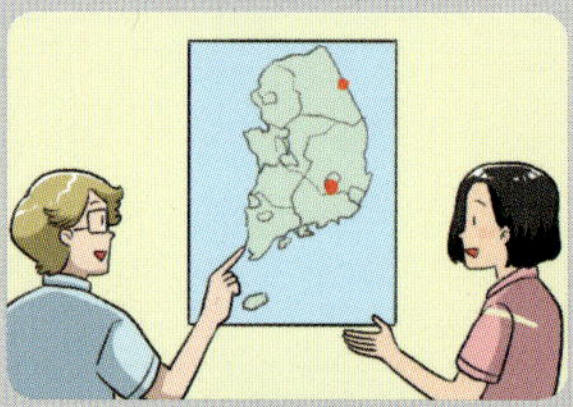

가다

□ 속초 □ 대구

3)

사다

□ 옷 □ 가방

4)

타다

□ 버스 □ 택시

5)

마시다

□ 커피 □ 주스

6)

보다

□ 영화 □ 드라마

가: 나트 씨, 뭐 먹고 싶어요?

나: 음…… 저는 비빔밥을 먹고 싶어요.

예문

- 그 사람은 유명한 가수예요.
- 작은 거 주세요.

형태

-ㄴ
예쁜
-은
작은

활용 무엇을 사고 싶어요? 그림을 보고 이야기해 보세요.

1) 
가방 - 작다

2) 
바지 - 길다

3) 
셔츠 - 크다

4) 

운동화 - 비싸다

5) 
구두 - 높다

6) 
코트 - 얇다

7) 
선글라스 - 어둡다

8) 
치마 - 밝다

가: 저기요. 가방이 너무 작아요. 혹시 더 큰 거 있어요?
나: 네, 있어요. 잠시만 기다리세요.

준비 3 -아/어서

예문

- 배가 아파서 병원에 가요.
- K-POP을 좋아해서 한국어를 배워요.

형태

-아서	-어서
비싸서	없어서
좋아서	먹어서
해서	
청소해서	
깨끗해서	

활용 그림을 보고 이유를 묻고 답하세요.

1) 
약속 시간에 늦다

2) 
지각하다

3) 
웃다

4) 
케이크를 사다

이유 아이 생일이다 　텔레비전이 재미있다 　어제 늦게 자다 　길이 막히다

가: 왜 약속 시간에 늦었어요?
나: 길이 막혀서 늦었어요.

선물 살 곳에 대해 조언 구하기

과제 1

Track 13-2

동영상을 봅시다 에디 씨가 엔젤 씨에게 선물 살 곳에 대해 조언을 구합니다.

- 에디 씨는 왜 화장품을 사요?
- 상가 안 화장품 가게가 어때요?

에디	엔젤 씨, 요즘 인기 있는 화장품은 어디에서 사요?
엔젤	왜요?
에디	고향에 있는 가족들에게 선물을 보내고 싶어요.
엔젤	상가 안에 있는 화장품 가게는 어때요? 싸고 종류가 많아서 괜찮아요.
에디	아, 그래요? 고마워요.

발음 Track 13-3

- 화장품은[화장푸믄]
- 많아서[마나서]

☐ 요즘 ☐ 인기 ☐ 화장품 ☐ 상가 ☐ 종류

대화해 봅시다

사람1 • 선물 살 곳을 물어보세요.

사람2 • 선물 살 곳을 대답하세요.

	사람1	사람2	
	사고 싶은 물건	추천 장소	이유
1	요즘 인기(가) 있다 / 화장품	상가 안에 있는 화장품 가게	싸고 종류가 많다
2	예쁘다 / 한복	인터넷 쇼핑	싸고 예쁘다
3	맛있다 / 생일 케이크	마트	예쁘고 맛있다
4			

표현

선물 살 곳을 물어볼 때	선물을 조언할 때
• 좋은 선물을 사고 싶어요 • 어디에서 선물을 살 수 있어요? • 예쁜 선물을 사고 싶은데 어디가 좋을까요?	• 화장품은 어때요? • 책을 사 주세요. • 꽃을 사 주면 어때요?

들어 봅시다

옷 가게입니다. 다음을 잘 듣고 질문에 답하세요.

Track 13-4

1. 무엇을 사고 싶어요? 맞는 그림에 ✓ 하세요.

1)

 ☐

 ☐

2)

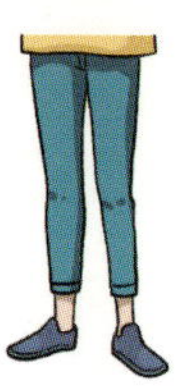 ☐

 ☐

선물에 대해 조언해 주기 과제 ②

Track 13-5

동영상을 봅시다 자가 씨가 가게에서 부모님의 선물을 삽니다.

Movie 02

- 여기는 어디예요?
- 자가 씨는 부모님 선물로 무엇을 사요?

점원	어서 오세요. 무엇을 도와드릴까요?
자가	부모님 선물을 사고 싶어요.
점원	건강에 좋은 홍삼이 어때요? 부모님 선물로 인기가 많아요.
자가	네, 좋아요. 그거 주세요.

발음 Track 13-6

- 좋은[조은]
- 많아요[마나요]
- 좋아요[조아요]

☐ 부모님 ☐ 건강 ☐ 홍삼

대화해 봅시다

사람1 • 선물 선택에 대해 조언을 구하세요.

사람2 • 선물 선택에 대해 조언하세요.

	사람1	사람2	
	사고 싶은 물건	추천하는 물건	물건의 특징
1	부모님 선물	건강에 좋다 / 홍삼	• 부모님 선물로 인기가 많다
2	아이 생일 선물	재미있다 / 책	• 아이들이 좋아하다
3	친구 결혼 선물	편리하다 / 청소기	• 가볍다
4			

표현

선물 선택에 대해 물어볼 때	선물 선택에 대해 조언할 때
• 선물을 사고 싶어요. • 뭐가 좋아요? • 뭐가 괜찮아요?	• 홍삼이 어때요? • 홍삼 선물이 좋을 거예요. • 책을 사 주는 건 어때요?

들어 봅시다

다음을 잘 듣고 질문에 답하세요. Track 13-7

1. 맞는 그림에 ○ 하세요.

1)

(　　)

(　　)

2)

(　　)

(　　)

도전

1 **여러분 나라에서 특별한 날에 가장 인기 있는 선물이 뭐예요? 그 이유가 뭐예요? 친구 2명(한국인 또는 외국인)에게 인터뷰하고 써 보세요.**

특별한 날에 어떤 선물을 준비해요? 그 이유는 뭐예요?

나라	특별한 날	선물	이유
한국	부모님 생신	축하금	부모님이 필요한 것을 살 수 있어서

한국에서는 부모님 생신에 축하금을 드려요. 축하금으로 부모님이 필요한 것을 살 수 있어서 좋아요.

문화를 알아봅시다

선물로 돈을 주나요?

한국에서는 결혼과 같이 특별히 축하할 일이 있을 때 선물을 해요. 또 상을 당했거나 병원에 입원했을 때에도 위로하기 위해서 선물을 해요. 이럴 때는 보통 물건 대신 현금을 줘요. 현금은 보통 흰색 봉투에 넣어서 주는데 꼭 축하나 위로의 말을 써요.

결혼 축하	문상	병문안
(봉투 밖): 축 결혼, 축 화혼 (봉투 안): 결혼을 축하합니다	(봉투 밖): 부의, 근조 (봉투 안): 삼가 조의를 표합니다	(봉투 밖): 기 완쾌 (봉투 안): 빠른 쾌유를 빕니다

여러분 나라에서는 결혼하는 사람이나 상을 당한 사람에게 어떤 선물을 해요?

한국	나의 고향	친구	친구
• 현금			

동영상을 봅시다
우체국
우편 서비스
소포
1호 택배
2호 우체국 택배
3호 우체국 택배
4호 우체국 택배
5호 우체국 택배
소포 상자
순번 대기표
우체국 택배
1
2
3
4
7

14

이 소포를 필리핀에 보내고 싶어요.

- 부모님 생신이 언제예요?
- 무슨 선물을 보내고 싶어요?
- 여러분은 우체국에서 소포를 보냈어요?

따라 하세요

Track 14-1

- 이걸 필리핀에 보내고 싶어요.
- 어떻게 포장을 해야 돼요?
- 배로 보내면 얼마나 걸려요?

❶ 번호표	❷ 상자(박스)	❸ 가위	❹ 끈
❺ 풀	❻ 소포	❼ 연필꽂이	❽ 저울

준비 ① 에게/한테/께

예문

- 친구에게 문자를 보냅니다.
- 여자 친구한테 꽃을 선물합니다.
- 지난 주말에 부모님께 전화를 했어요.

형태

에게/한테
친구에게/친구한테
께
선생님께

활용 다음 사람에게 뭘 선물할 거예요? 연결하고 이야기해 보세요.

1) 고향 친구	2) 부모님	3) 아이(아들/딸)	4) 남자 친구/여자 친구	5) 친구

홍삼	옷	장난감	화장품	꽃

가: 홍삼을 샀어요? 누구에게 선물할 거예요?

나: 우리 부모님께 드릴 거예요.

-(으)면 준비 2

예문

- 다리가 아프면 좀 쉬세요.
- 아이스크림을 많이 먹으면 배가 아파요.

형태

-면
오면
-으면
먹으면

활용 여러분은 다음 상황에서 무엇을 하고 싶어요? 이야기해 보세요.

	상황	선택
1	시간이 있다	☑ 친구와 놀러 가다
		□ 집에서 쉬다
2	돈이 많다	□ 여행을 가다
		□ 은행에 저금하다
3	방학을 하다	□ 고향에 가다
		□ 아르바이트를 하다
4	한국어를 잘하다	□ 한국에서 취직을 하다
		□ 한국에서 사업을 하다

가: 시간이 있으면 친구와 놀러 가고 싶어요? 아니면 집에서 쉬고 싶어요?

나: 저는 시간이 있으면 친구와 놀러 가고 싶어요.

돋보기

- 살다 → 살으면(×)
  살면(○)
- 멀다 → 멀으면(×)
  멀면(○)

준비③ -아/어야 하다

예문

- 아이가 아파요. 빨리 병원에 가야 해요.
- 오늘 우리 집에시 집들이가 있어요. 빨리 청소를 해야 해요.

형태

-아야 하다
타야 하다
-어야 하다
기다려야 하다
해야 하다
빨래해야 하다

활용 다음 상황에서 무엇을 해야 해요? 이야기해 보세요.

	상황	해야 하는 일
1	한국어를 잘하고 싶다	단어를 많이 외우다
2	은행에서 통장을 만들고 싶다	신분증을 가져가다
3	친구가 주말에 집들이에 초대했다	집들이 선물을 사다
4	부산에 놀러 가고 싶다	KTX 표를 미리 사다
5	고향에 화장품을 보내고 싶다	잘 포장해서 보내다

가: **한국어를 잘하고 싶어요. 어떻게 해야 돼요?**

나: **단어를 많이 외워야 돼요.**

소포 포장 방법에 대해 묻기

과제 1

Track 14-2

동영상을 봅시다 엔젤 씨가 우체국에서 소포를 보내는 방법에 대해 물어봅니다.

Movie 01

- 엔젤 씨는 무엇을 하고 있어요?
- 엔젤 씨는 지금부터 무엇을 해야 해요?

엔젤 안녕하세요? 이걸 필리핀에 보내고 싶어요.

직원 그럼 먼저 포장을 해야 됩니다.
그 안에 뭐가 있습니까?

엔젤 화장품이에요. 어떻게 포장을 해야 돼요?

직원 화장품은 먼저 비닐로 잘 싸야 돼요.
그다음에 저 상자에 넣고 테이프로 잘 붙여 주세요.

엔젤 네, 알겠습니다. 감사합니다.

발음 Track 14-3

- 넣고[너코]
- 붙여 주세요[부처주세요]
- 알겠습니다[알게씀니다]

☐ 먼저 ☐ 비닐 ☐ 싸다 ☐ 그다음 ☐ 상자 ☐ 테이프 ☐ 붙이다

대화해 봅시다

사람1 • 고향에 선물을 보내려고 합니다. 우체국 직원에게 포장 방법에 대해 조언을 구하세요.

사람2 • 우체국 직원입니다. 손님에게 포장하는 방법을 조언해 보세요.

	보내는 물건	포장 방법
1	화장품	• 비닐로 잘 싸다 • 상자에 넣고 테이프로 잘 붙이다
2	음식	• 비닐로 두 번 싸다(냄새가 날 수 있다) • 상자에 넣고 테이프로 잘 붙이다
3	책	• 봉투에 넣다 • 테이프로 잘 붙이다
4		

표현

포장 방법에 대해 물어볼 때	포장 방법에 대해 대답할 때
• 화장품을 필리핀에 보내려고 해요. 어떻게 해야 돼요? • 이걸 어떻게 포장해야 돼요? • 이걸 어떻게 싸야 돼요?	• 잘 포장해야 해요. • 상자에 넣으세요. • 테이프로 잘 붙이세요. • 상자에 이름과 주소를 쓰세요.

들어 봅시다

우체국입니다. 다음을 잘 듣고 질문에 답하세요. Track 14-4

1. 에디 씨는 무엇을 보내고 싶어요?

① 김 ② 꿀 ③ 홍삼 ④ 화장품

2. 에디 씨는 지금부터 무엇을 해야 해요?

① 꿀을 사야 해요. ② 집에 다시 가야 해요.
③ 다시 포장해야 해요. ④ 마트에서 상자를 사야 해요.

3. 이 사람은 그것을 어떻게 해야 해요? 순서에 맞게 번호를 쓰세요.

( ) 종이와 비닐을 상자에 넣어요.
( ) 꿀을 비닐로 싸요.
( ) 꿀을 상자에 넣어요.

소포 보내는 방법 묻기

과제 2

Track 14-5

동영상을 봅시다 고향에 소포를 보내려고 우체국 직원에게 보내는 방법을 물어봅니다.

엔젤 씨는 어디에 소포를 보내려고 해요?

엔젤 씨는 어떻게 보내려고 해요?

엔젤 이 소포를 필리핀에 보내고 싶어요.

직원 그럼 이 저울 위에 놓아 주세요.

직원 1kg입니다.
비행기로 보내실 거예요? 배로 보내실 거예요?

엔젤 배로 보내면 얼마나 걸려요?

직원 배로 보내면 3주쯤 걸리고 비행기로 보내면 5일쯤 걸립니다.

엔젤 그럼 비행기로 보내 주세요.

직원 네, 요금은 35,000원입니다.

발음 Track 14-6

- 놓아[노아]
- 1kg[일킬로그램]
- 35,000원[삼마노처눤]

☐ 놓다 ☐ kg(킬로그램) ☐ 저울 ☐ 요금

대화해 봅시다

사람1 • 고향에 소포를 보내려고 합니다. 보내는 방법을 선택하고 직원에게 말해 보세요.

사람2 • 손님에게 어떻게 보낼지 물어 보고 요금을 알려 주세요.

방법			배로			비행기로		
지역			일본, 중국	태국, 베트남, 몽골, 필리핀, 인도	미국, 러시아 프랑스	일본, 중국	태국, 베트남, 몽골, 필리핀, 인도	미국, 러시아 프랑스
무게	5kg	요금	15,000원	25,000원	35,000원	25,000원	35,000원	45,000원
	10kg		25,000원	35,000원	45,000원	35,000원	45,000원	55,000원
	15kg		35,000원	45,000원	55,000원	45,000원	55,000원	65,000원
기간			2주	3주	4주	4일	5일	6일

	지역	무게	걸리는 시간		요금	
1	필리핀	1kg	☑ 배 – 3주	☐ 비행기 – 5일	☐ 25,000원	☑ 35,000원
2	중국	7kg	☐ 배 – 2주	☐ 비행기 – 4일	☐ 25,000원	☐ 35,000원
3	러시아	3kg	☐ 배 – 4주	☐ 비행기 – 6일	☐ 35,000원	☐ 45,000원
4						

표현

직원에게 보내는 방법을 물어보거나 말할 때	손님에게 안내할 때
• 배로 보내면 얼마나 걸려요?	• 배로 보내면 2주쯤 걸려요.
• 비행기로 보내면 얼마예요?	• 비행기로 보내면 5일쯤 걸려요.
• 그럼 배로 보내 주세요.	• 배로 보내면 25,000원이에요.
• 그럼 비행기로 보내 주세요.	• 비행기로 보내면 35,000원이에요.

들어 봅시다

우체국입니다. 다음을 잘 듣고 질문에 답하세요. Track 14-7

1. 나트 씨는 고향에 무엇을 보냈어요?

① 옷　　② 화장품　　③ 홍삼　　④ 책

2. 이 소포는 어떻게 보냈어요? 요금은 얼마예요?

1) 방법		2) 요금	
① 배	② 비행기	① 15,000원	② 25,000원

1 다음은 택배 신청서입니다. 고향으로 보낼 택배 신청서를 써 보세요.

우체국 택배 KOREA POST

신청 및 배달 안내
☎ 1588-1300

보내는 분		
받는 분		등기 번호 :

문화를 알아봅시다

우체국에서는 무엇을 해요?

여러분은 우체국에서 어떤 서비스를 이용해 봤어요?

우체국에서는 우편 업무(등기, 소포, EMS 등) 외에도 많은 일을 해요. 은행이나 보험 회사, 카드 회사에서 하는 일도 하고 택배 회사에서 하는 일도 해요. 또 한국의 각 지역에서 나는 특산물, 그리고 휴대폰(알뜰폰)도 팔아요. 우체국도 다른 관공서와 같이 오전 9시부터 오후 6시까지 일을 해요.

돈을 찾거나 환전도 할 수 있고 보험 가입도 할 수 있어요.

택배를 보낼 수 있어요.

휴대폰을 살 수 있어요.

돋보기

그리고 우체국에서는 EMS를 이용하는 다문화가정에는 요금을 10% 할인해 줘요.

여러분 나라의 우체국에서는 어떤 일을 해요? 친구들과 이야기해 보세요.

동영상을 봅시다
1
3
4
5
6
7
8
9

15

머리가 아파요.

여기는 어디예요?

한국에서 병원이나 약국에 갔어요?

어디가 아팠어요?

따라 하세요

Track 15-1

- 어떻게 오셨어요?
- 목이 너무 아프고 열이 많이 나요.
- 그저께부터 아팠어요.

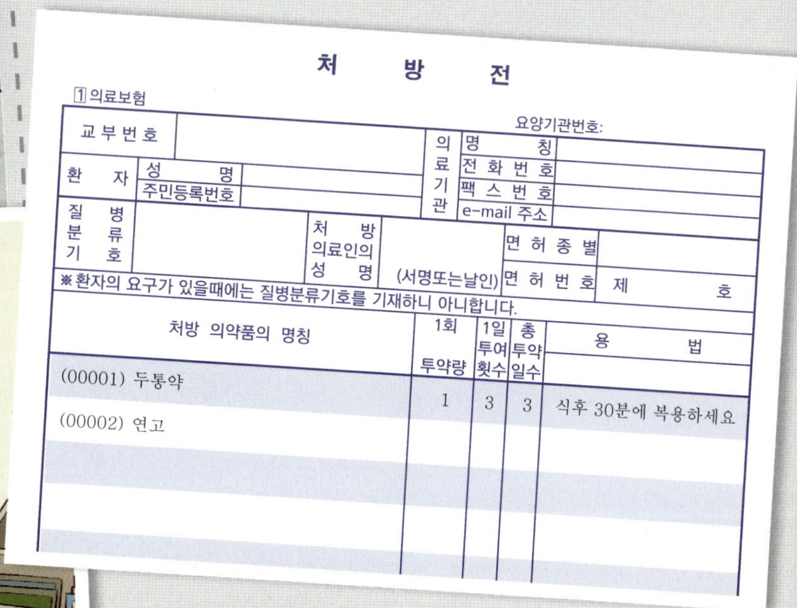

처 방 전

1 의료보험

요양기관번호:

교부번호		의료기관	명칭	
환자	성명		전화번호	
	주민등록번호		팩스번호	
			e-mail 주소	
질병분류기호		처방의료인의 성명 (서명또는날인)	면허종별	
			면허번호	제 호

※환자의 요구가 있을때에는 질병분류기호를 기재하니 아니합니다.

처방 의약품의 명칭	1회 투약량	1일 투여횟수	총 투약일수	용법
(00001) 두통약	1	3	3	식후 30분에 복용하세요
(00002) 연고				

❶ 엑스레이 ❷ 링거 ❸ 체중계 ❹ 간호사 ❺ 청진기
❻ 체온계 ❼ 주사 ❽ 반창고 ❾ 혈압계 ❿ 침대

준비 1 –지 마세요

예문

- 혼자 가지 마세요.
- 사진을 찍지 마세요.

형태

–지 마세요
가지 마세요
먹지 마세요

활용 다음은 공연장입니다. 관리자가 뭐라고 이야기해요? 이야기해 보세요.

음식을 먹다	술을 마시다	(문자) 메시지를 보내다
이야기를 하다	사진을 찍다	

가: 음식을 먹지 마세요!

나: 네, 알겠습니다.

-아/어도 되다

예문

- 화장실에 가도 돼요?
- 이거 먹어도 돼요?

형태

-아도 되다
사도 되다
-어도 되다
읽어도 되다
해도 되다
컴퓨터 해도 되다

활용 다음 상황에서 허락을 구하는 말을 해 보세요.

여기에 앉다 / 먼저 가다 / 화장실에 가다 / 약을 먹다 / 사진을 찍다 / 창문을 열다

1) 

2) 

3) 

4) 

5) 

6) 

가: 여기에 앉아도 돼요?

나: 네, 앉아도 돼요. / 아니요, 안 돼요. 앉지 마세요.

준비 ③ (으)ㄴ 후에/다음에

예문

- 점심 식사한 후에 은행에 갈 거예요.
- 책을 읽은 다음에 잤어요.

형태

-ㄴ 후에	-ㄴ 다음에
온 후에	온 다음에
-은 후에	-은 다음에
먹은 후에	먹은 다음에

활용 여러분 친구들은 오늘 뭐 할 거예요? 그림을 보고 이야기해 보세요.

1)  친구를 만나다 →  집에 가다

2)  텔레비전을 보다 →  숙제를 하다

3)  남편하고 점심을 먹다 →  영화를 보다

4)  마트에서 장을 보다 →  저녁 식사를 만들다

가: 오늘 뭐 할 거예요?
나: 친구를 만난 후에 집에 갈 거예요. /
친구를 만난 다음에 집에 갈 거예요.

약국에서 약 사기 과제①

Track 15-2

동영상을 봅시다 나레카 씨가 약국에서 약사에게 증상을 이야기하고 약을 삽니다.

- 나레카 씨는 어디가 아파요?
- 나레카 씨는 어떻게 해야 해요?

약 사	어서 오세요. 어떻게 오셨어요?
나레카	어제부터 머리가 너무 아파요.
약 사	식사한 후에 이 약을 드세요.
나레카	네, 알겠습니다.

발음 Track 15-3

- 오셨어요[오셔써요]

☐ 약사

대화해 봅시다

사람1 • 아파서 약국에서 약을 삽니다. 약사에게 증상을 말하고 약을 받으세요.

사람2 • 약사입니다. 손님의 증상을 듣고 약을 주세요.

	손님	약사
	증상	처방
1	머리가 아프다	식사하다 → 약을 먹다
2	목이 아프다	식사하다 → 약과 물약을 먹다
3	다리를 다치다	연고를 바르다 → 반창고를 붙이다
4	팔에서 피가 나다	연고를 바르다 → 반창고를 붙이다
5		

표현

증상을 물어볼 때	처방을 말할 때
• 어떻게 오셨어요? • 어디가 아파요?	• 약을 드세요. • 식사한 후에 약을 드세요. • 식사 후에 약을 드세요.

들어 봅시다

나트 씨가 약국에 갔습니다. 다음을 잘 듣고 질문에 답하세요. Track 15-4

1. 나트 씨는 어디를 다쳤어요?

① 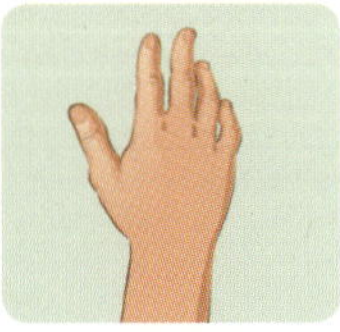
② 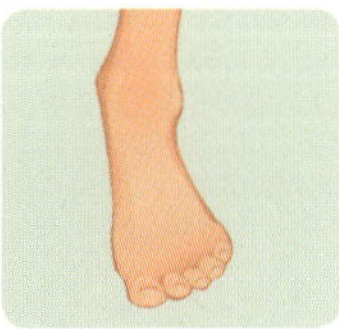
③ 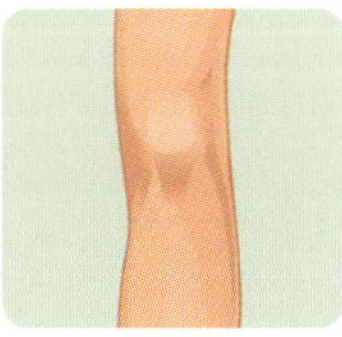
④ 

2. 나트 씨는 어떻게 해야 해요? 모두 고르세요.

① 약을 먹어야 해요.
② 병원에 가야 해요.
③ 연고를 발라야 해요.
④ 반창고를 붙여야 해요.

병원에서 증상 말하기 과제 ❷

Track 15-5

동영상을 봅시다 나트 씨가 병원에서 의사에게 증상을 말하고 조언을 듣습니다.

- 나트 씨는 어디가 아파요?
- 나트 씨는 어떻게 해야 해요?

의사 어떻게 오셨어요?

나트 목이 너무 아프고 열이 많이 나요.

의사 언제부터 아팠어요?

나트 그저께부터 아팠어요.

의사 감기에 걸렸네요.
찬물을 마시지 마세요. 그리고 많이 쉬세요.

나트 네, 알겠습니다.

발음 Track 15-6

- 어떻게[어떠케]
- 많이[마니]
- 걸렸네요[걸련네요]

☐ 그저께 ☐ 감기 ☐ 걸리다 ☐ 찬물

대화해 봅시다

사람1 • 환자입니다. 의사에게 증상을 말해 보세요.

사람2 • 의사입니다. 환자의 증상을 들으세요. 그리고 병명을 이야기해 주고 처방해 주세요.

	환자		의사	
	언제부터?	어디가 아파요?	병명	어떻게 해야 해요?
1	그저께	목이 아프다 열이 나다	감기에 걸리다	찬물을 마시다 많이 쉬다
2	어제	머리가 아프다 너무 춥다	몸살에 걸리다	일을 많이 하다 알약과 물약을 먹다
3	어제 아침	배가 아프다 열이 나다	배탈이 나다	찬물을 마시다 따뜻한 물을 많이 마시다
4	오늘 아침	기침이 나다 콧물이 나다	독감에 걸리다	외출을 하다 약을 먹고 쉬다
5				

표현

증상을 말할 때	병에 대해 조언을 할 때
• 목이 아파요.	• 찬물을 마시지 마세요.
• 목이 아프고 열이 나요.	• 따뜻한 물을 드세요.
• 목하고 머리가 아파요.	• 많이 쉬어야 해요.

들어 봅시다

자가 씨가 병원에 갔습니다. 다음을 잘 듣고 질문에 답하세요. Track 15-7

1. 자가 씨는 어디가 아파요?

____

2. 맞지 않는 것은 뭐예요?

① 내일 병원에 와야 해요.
② 따뜻한 물을 마셔야 해요.
③ 물을 마시지 말아야 해요.
④ 어제부터 배가 아프고 열이 났어요.

1 병원입니다. 이야기해 보세요.

사람1 • 환자입니다. 의사에게 증상을 말하고 처방을 받으세요.

사람2 • 의사입니다. 환자의 증상을 들으세요. 그리고 처방을 해 주세요.

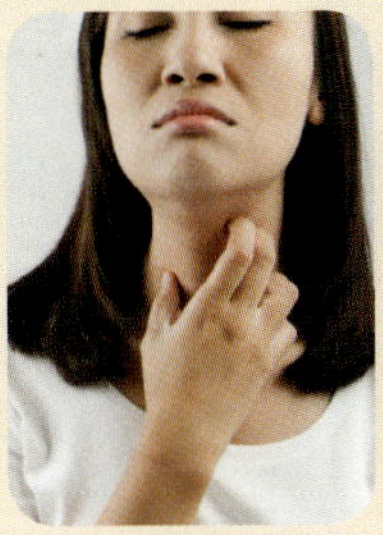
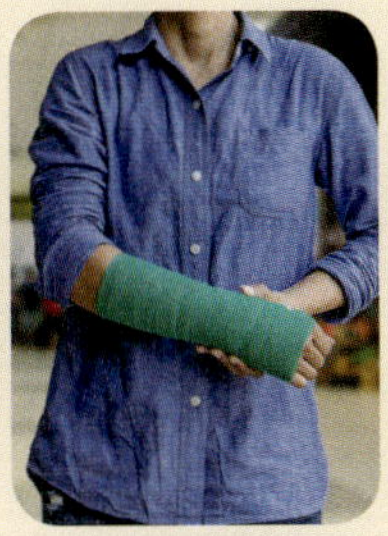
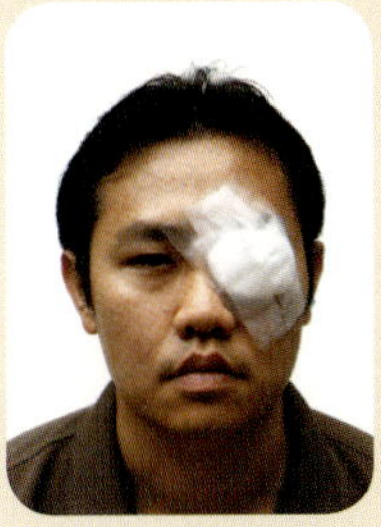

	환자	의사	
	증상	병명	조언
1	피부가 간지럽다	알레르기	매일 연고를 바르다
			약을 먹다
2	팔을 다치다	골절	엑스레이를 찍다
			깁스를 하다
3	눈이 빨갛고 너무 간지럽다	눈병	하루에 세 번 안약을 넣다
			안대를 하다
4	구토와 설사를 하다	배탈	주사를 맞다
			병원에 입원하다

문화를 알아봅시다

내과에 가도 돼요?

여러분은 한국에서 어떤 병원을 이용해 봤어요?

한국에는 의료 시설이 잘 발달되어 있어요. 그리고 건강 보험 제도도 잘 갖추어져 있어서 아파도 돈이 많이 들지 않아요. 보통 배가 아프거나 할 때는 동네에 있는 내과나 가정의학과(개인병원-1차 의료 기관)에 가요. 귀, 코, 목이 아플 때는 이비인후과에 가고, 피부에 문제가 있을 때는 피부과에 가요. 그렇지만 아이들이 아플 때는 소아청소년과에 주로 가요. 동네 병원에서 치료가 힘들 때는 보통 종합 병원(2차 의료 기관)에 가요.

밤에 아플 때는 종합 병원 응급실로 가야 해요. 다른 사람의 도움이 필요할 때는 119로 연락하면 돼요.

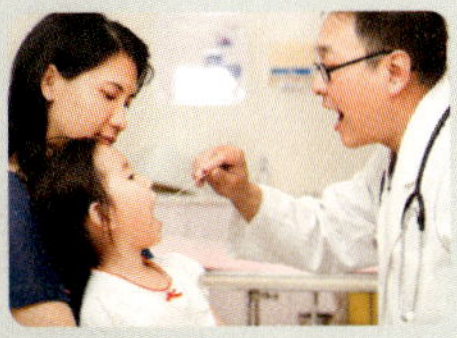
소아청소년과

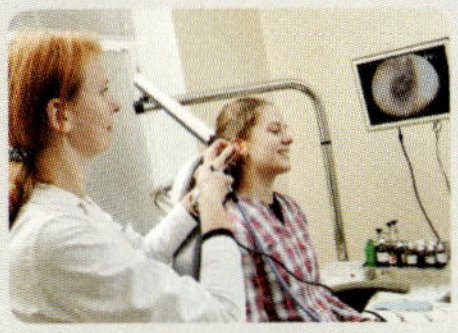
이비인후과

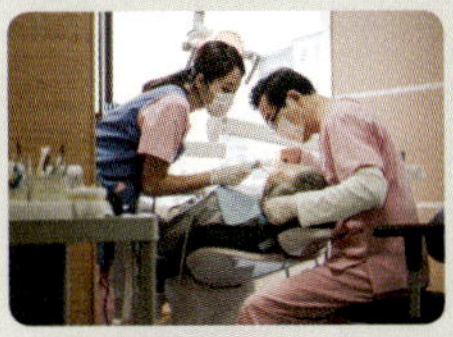
치과

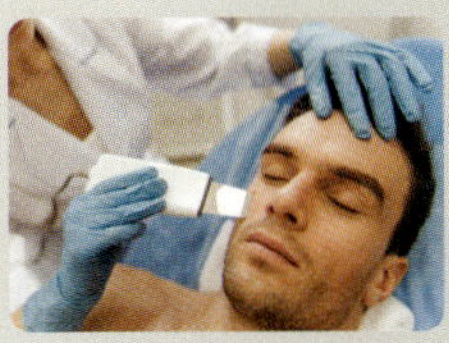
피부과

돋보기

1차 의료 기관(개인 의원),
2차 의료 기관(입원 병상 수 30~500개),
3차 의료 기관(입원 병상 수 500개 이상)

동영상을 봅시다
2
3
5

16

같이 영화 보러 갈까요?

한국에 친구가 많아요?

친구들하고 보통 뭐 해요?

이번 주에 약속이 있어요?

따라 하세요

Track 16-1

- 오늘 같이 영화 보러 갈까요?
- 그럼, 내일은 어때요?
- 네, 좋은 생각이에요.

❶ 대사관 ❷ 화면 ❸ 우산 ❹ 여권 ❺ 지갑
❻ 등산 ❼ 커튼 ❽ 연필깎이 ❾ 연필꽂이 ❿ 사물함

준비① -(으)ㄹ까요? 1/-(으)ㅂ시다

예문

- 가: 언제 영화 볼까요?
  나: 토요일에 봅시다!
- 가: 같이 밥 먹을까요?
  나: 네, 좋아요.

형태

-ㄹ까요?	-을까요?
볼까요?	읽을까요?
-ㅂ시다	-읍시다
봅시다	읽읍시다

활용 에디 씨는 자가 씨와 주말에 만나려고 합니다. 약속을 정해 보세요.

1	날짜	□ 토요일	□ 일요일	
2	시간	□ 5시	□ 6시	□ 7시
3	장소	□ 백화점 앞	□ 지하철역 앞	
4	음식	□ 국수	□ 햄버거	
5	할 일	□ 영화를 보다	□ 노래방에 가다	□ 공원에서 걷다

가: 우리 무슨 요일에 만날까요?
나: 토요일에 만납시다.

돋보기

- 선생님, 같이 갑시다.(×)
- 가: 지금 갈까요?
  나: 아니요, 지금 가지 맙시다.

-(으)니까 1

예문

- 오늘은 바쁘니까 내일 만나요.
- 아프니까 일찍 집에 가세요.

형태

-니까	-으니까
가니까	있으니까
보니까	많으니까

활용 오늘 무엇을 하고 싶은지 이유와 함께 제안해 보세요.

	이유	제안
1	날씨가 좋다	산책하다
2	내일 시험이 있다	공부하다
3	오늘은 피곤하다	집에서 쉬다
4	방이 더럽다	청소하다
5	날씨가 춥다	집에 있다

가: **우리 오늘 뭐 할까요?**
나: **날씨가 좋으니까 산책합시다.**
가: **좋아요.**

준비 3 -(으)ㄹ게요

예문

- 가: 저녁에 전화하세요!
  나: 네, 꼭 전화할게요.
- 제가 정소할게요.

형태

-ㄹ게요	-을게요
갈게요	읽을게요

활용 회사입니다. 상사가 직원에게 부탁합니다. 이야기해 보세요.

	상사	직원
1	회의 시간에는 항상 메모하세요.	꼭 메모하다
2	일이 많으니까 좀 도와주세요.	도와드리다
3	추우니까 문을 꼭 닫으세요.	그렇게 하다
4	내일 회사에 8시까지 오세요.	8시 전에 오다
5	퇴근 전에 물건을 정리하세요.	꼭 정리하다

가: **회의 시간에는 항상 메모하세요.**
나: **네, 꼭 메모할게요.**

약속 날짜 결정하기

Track 16-2

동영상을 봅시다 엔젤 씨가 나트 씨에게 영화를 같이 보자고 제안합니다.

Movie 01

- 엔젤 씨는 뭐 하고 싶어 해요?
- 나트 씨는 왜 오늘 못 가요?

엔젤 나트 씨, 오늘 같이 영화 보러 갈까요?

나트 미안해요. 오늘은 대사관에 가야 하니까 다음에 가요.

엔젤 그래요? 그럼 내일은 어때요?

나트 내일은 괜찮아요. 수업 후에 같이 갑시다.

발음 Track 16-3

- 같이[가치]
- 괜찮아요[괜차나요]
- 수업 후에[수어푸에]

☐ 미안하다 ☐ 대사관

대화해 봅시다

사람1 • 친구에게 약속을 제안해 보세요.

사람2 • 친구에게 거절하는 이유를 말하고 다른 제안을 해 보세요.

	사람1	사람2	
	제안	거절 이유	다른 제안
1	오늘 같이 영화 보러 가다	대사관에 가야 하다	다음에 가다
2	버스 타고 가다	비가 오다	지하철 타다
3	밥 먹고 노래방에 가다	좀 피곤하다	다음에 가다
4	외식하다	밖이 춥다	그냥 배달시키다
5	불고기 먹다	시간이 별로 없다	그냥 김밥 먹다
6			

표현

약속을 제안할 때	약속을 미룰 때
• 오늘 같이 영화 보러 갈까요? • 영화 보러 갈 수 있어요? • 오늘 영화 어때요?	• 미안해요. 다음에 가요. • 미안하지만 오늘은 안 돼요. 다음에 가야 할 것 같아요.

들어 봅시다

유미 씨와 나트 씨가 약속을 정합니다. 다음을 잘 듣고 질문에 답하세요. Track 16-4

1. 나트 씨는 내일 왜 같이 못 가요?

____

2. 두 사람은 언제, 어디에서 만나요?

시간: ______________ 장소: ______________

주말 약속 정하기

과제 2

Track 16-5

동영상을 봅시다 석훈 씨와 아미르 씨가 주말 약속을 정합니다.

Movie 02

석훈 씨는 왜 등산을 하고 싶어요?

두 사람은 뭘 준비할 거예요?

김석훈	아미르 씨, 주말에 시간 있어요? 요즘 날씨가 좋으니까 같이 등산할까요?
아미르	네, 좋은 생각이에요. 몇 시에 어디에서 만날까요?
김석훈	경복궁역 2번 출구에서 토요일 아침 10시에 만납시다.
아미르	알겠습니다. 제가 그날 김밥을 준비할게요.
김석훈	그럼 저는 물을 준비할게요.

발음 Track 16-6

- 좋으니까[조으니까]
- 김밥하고[김빠파고]
- 준비할게요[준비할께요]

생각 경복궁역 출구 준비하다

대화해 봅시다

사람1 • 주말 약속을 제안하고 준비할 물건을 정하세요.

사람2 • 친구와 주말 약속을 정하고 준비할 물건을 정하세요.

	약속 제안	만날 장소	시간	준비물
1	등산하다	터미널 앞	토, 아침, 8시	□ 김밥 □ 물
2	바다 보러 가다	버스 터미널 1층	일, 오전, 10시	□ 음료수 □ 과자
3	근처 공원에 놀러 가다	공원 입구	일, 오전, 11시	□ 돗자리 □ 카메라
4	자전거 타러 가다	지하철역 3번 출구	토, 오후, 2시	□ 과일 □ 물
5				

표현

제안하며 상대방의 생각을 물을 때	제안을 받아들일 때
• 등산하러 갈까요? • 쇼핑하러 가는 게 어때요? • 추우니까 집에서 쉬면 어떨까요?	• 좋아요. • 그게 좋겠어요. • 좋은 생각이에요.

들어 봅시다

자가 씨와 나트 씨가 약속을 합니다. 다음을 잘 듣고 질문에 답하십시오. Track 16-7

1. 자가 씨와 나트 씨는 무엇을 할 거예요?

①

②

③

2. 자가 씨와 나트 씨는 언제 갈 거예요?

1 아미르 씨가 약속을 못 지키게 되어 석훈 씨에게 메시지를 보냅니다. 잘 읽고 질문에 답하세요.

1. 아미르 씨는 왜 토요일에 등산하러 못 가요?

2. 아미르 씨와 석훈 씨는 언제 등산을 갈 거예요?

문화를 알아봅시다

한국 사람들은 모두 축구를 좋아해요?

한국 사람들은 여가 시간에 스포츠를 즐겨요. 그중에서도 축구를 많이 해요. 남자아이들은 어렸을 때부터 학교 축구 클럽을 만들어 함께 어울려요. 어른들은 '조기 축구회'를 만들어 축구를 하기도 해요. 이렇게 한국 사람들은 축구 모임이나 팀을 만들어 운동을 하며 스트레스를 풀어요.

또 요즘은 축구를 하는 여성도 점점 늘고 있어요. 여자 어린이 축구 교실은 물론이고 2017년부터는 중등부 축구 교실도 시작됐어요. 2010년 FIFA U-17 여자 월드컵에서는 한국 여자 축구 국가 대표 팀이 우승을 차지했어요.

여러분 나라의 사람들은 어떤 스포츠에 관심이 많아요?

한국	나의 고향	친구	친구
축구, 야구, 농구			

모범 답안

한글

모음 ❶

2.
1) ① ㅏ
2) ② ㅜ
3) ① ㅔ
4) ① ㅓ
5) ① ㅗ
6) ② ㅣ

자음 ❶

3.
1) ① 가
2) ② 나
3) ② 라
4) ② 바
5) ① 사
6) ② 하

4.
1) 게
2) 오이
3) 버스
4) 어머니
5) 구두
6) 가구
7) 주스
8) 해

5.
1) 아이
2) 고기
3) 나무
4) 아버지
5) 다리
6) 비
7) 모자
8) 하마

모음 ❷

3.
1) ② 벼
2) ① 투
3) ② 교
4) ① 에
5) ② 얘
6) ② 셔

4.
1) 여자
2) 벼
3) 교사
4) 휴지
5) 우유
6) 혀

자음 ❷

3.
1) ① 타
2) ② 차
3) ② 카
4) ① 다
5) ② 파
6) ① 자

4.
1) 코
2) 스키
3) 기타
4) 포도
5) 테니스
6) 케이크

5.
1) 커피
2) 토마토
3) 파
4) 치마
5) 도토리
6) 차

자음 ❸

3.
1) ② 빠
2) ① 따
3) ① 싸
4) ② 쯔
5) ② 쓰
6) ① 뜨

4.
1) ① 가
2) ③ 따
3) ② 파
4) ① 사
5) ③ 짜

5.
1) 어깨
2) 가짜
3) 쓰다
4) 토끼
5) 머리띠
6) 찌개
7) 뽀뽀
8) 비싸다

6.
1) 아빠
2) 오빠
3) 싸다
4) 뜨다
5) 짜다
6) 뿌리
7) 아저씨
8) 까치

모음 ❸

3.
1) ① 오아
2) ② 워
3) ② 왜
4) ① 웨
5) ② 위
6) ① 외
7) ① 와
8) ② 의

4.

1) 귀
2) 의사
3) 가위
4) 샤워
5) 추워요
6) 사과
7) 줘요
8) 과자

5.

1) 쥐
2) 바위
3) 화가
4) 뭐
5) 의자
6) 주의
7) 추워요
8) 와이셔츠

받침 ❶

3.

1) ② 알
2) ① 암
3) ① 온
4) ② 옹
5) ① 곰
6) ② 당
7) ① 날
8) ② 란

4.

1) 발
2) 신문
3) 남자
4) 한글
5) 비행기
6) 곰
7) 냉장고
8) 화장실

5.

1) 곰
2) 딸기
3) 우산
4) 얼굴
5) 컴퓨터
6) 병원
7) 연필
8) 창문

받침 ❷

4.

1) ① 독
2) ① 갇
3) ② 집
4) ① 엌
5) ② 낯
6) ① 덮
7) ② 곳
8) ② 빛

5.

1) 곧
2) 학생
3) 닻
4) 부엌
5) 한국
6) 책상
7) 비빔밥
8) 낮잠
9) 옷
10) 늦다
11) 앞
12) 갔다

1과 저는 태국 사람이에요.

과제 ❶ 들어 봅시다

캐나다 – 의사
필리핀 – 요리사
태국 – 학생
베트남 – 경찰

과제 ❷ 읽어 봅시다

1. ② 나레카
2. ② 가나

2과 교실에 시계가 있어요?

과제 ❶ 들어 봅시다

1. ④ 미셸 씨 방
2. ② 컴퓨터, ④ 의자

과제 ❷ 말해 봅시다

가: 방에 창문이 있어요?
나: 네, 있어요. 침대 위에 있어요.
가: 컴퓨터가 어디에 있어요?
나: 책상 위에 있어요.

3과 화장실이 어디에 있어요?

과제 ❶ 들어 봅시다

1) ②
2) ③
3) ⑥
4) ⑤

도전

오늘은 나트 씨의 생일입니다. 석훈 씨는 시아주버님과 이야기를 합니다. 시아버님은 신문을 봅니다. 시어머님은 커피를 마십니다. 시동생은 TV를 봅니다.

4과 주말에는 보통 집에서 쉬어요.

과제 ❶ 들어 봅시다

1) 자가 – 식당 – 친구를 만나요.
– 밥을 먹어요.

2) 에디 – 옷 가게 – 옷을 사요.
– 마트 – 장을 봐요.

과제 ❷ 들어 봅시다

1) 에디 – 친구를 만나요.
– 식당에서 밥을 먹어요.

2) 자가 – 책을 읽어요.
– 청소를 해요.

5과 한국 생활이 어때요?

과제 ❶ 들어 봅시다

1) 

2) 

3) 

과제 ❷ 들어 봅시다

1) 한국어 공부가 ② 쉽다, ③ 재미있다
2) 한국 교통이 ③ 편하다, ④ 좋다
3) 한국 음식이 ① 맵다, ③ 맛있다

6과 제 생일은 6월 11일이에요.

과제 ❶ 들어 봅시다

1. ③ 4월 21일
2. ① 네, 갑니다.

과제 ❷ 들어 봅시다

1. 14일, 수요일, 2시
2. 1) ○
2) ○

7과 불고기 이 인분 주세요.

과제 ❶ 들어 봅시다

듣기1

1. ② 콜라 3병, 불고기 4인분

듣기2

주문표	
불고기	3인분
찌개	2인분
비빔밥	1개
공깃밥	1그릇

과제 ❷ 읽어 봅시다

1. 불고기버거 세트, 치즈버거, 콜라, 치킨(윙)을 먹어요.
2. 치킨(윙)은 한 개를 주문해요.

8과 좀 깎아 주세요.

과제 ❶ 들어 봅시다

1) ① 

2) 배추 두 통 / 3,000원
오이 두 개 / 1,000원

과제 ❷ 들어 봅시다

1) ③ 

2) ③ 11,000원

9과 주말에 친구하고 등산했어요.

과제 ❶ 들어 봅시다

1. ②, ④
2. ①, ③

도전

1) 남편하고 딸하고 같이 갔어요.
2) 흑돼지 삼겹살을 먹었어요.

3) 한라산을 등산하고 올레길도 걸었어요. 그리고 저녁에는 해변 축제에 가서 케이팝을 들었어요.

10과 가족과 놀이공원에 갈 거예요.

과제 ❶ 들어 봅시다

1. ② (○)
   ④ (○)

11과 터미널에 어떻게 가요?

과제 ❶ 들어 봅시다

1. ② 명동
2. ① 버스는 명동에 안 가요.(×)
   ② 명동까지 지하철로 1시간쯤 걸려요.(×)
   ③ 이 사람은 명동에 버스로 갈 거예요.(×)

12과 김치를 만들 수 있어요.

과제 ❶ 들어 봅시다

제주도 여행	② 멀다	① 재미있다
제주도 흑돼지	① 비싸다	① 맛있다
한라산	① 힘들다	① 아름답다

과제 ❷ 들어 봅시다

나트	한국어를 할 수 있다.	①
나트 남편	태국어를 할 수 있다.	①
	태국 음식을 만들 수 있다.	②

13과 가족들에게 선물을 보내고 싶어요.

과제 ❶ 들어 봅시다

1) 

2) 

과제 ❷ 들어 봅시다

1) 

2) 

14과 이 소포를 필리핀에 보내고 싶어요.

과제 ❶ 들어 봅시다

1. ② 꿀
2. ③ 다시 포장해야 해요.
3. ③ 종이와 비닐을 상자에 넣어요.
   ① 꿀을 비닐로 싸요.
   ② 꿀을 상자에 넣어요.

과제 ❷ 들어 봅시다

1. ③ 홍삼
2. ② 비행기, ② 25,000원

15과 머리가 아파요.

과제 ❶ 들어 봅시다

1. ②
2. ③ 연고를 발라야 해요.
   ④ 반창고를 붙여야 해요.

과제 ❷ 들어 봅시다

1. 배가 아프고 열이 나요.
2. ③ 물을 마시지 말아야 해요.

16과 같이 영화 보러 갈까요?

과제 ❶ 들어 봅시다

1) 내일은 남편이랑 시부모님 댁에 가야 해서 같이 못 가요.
2) 시간: 토요일 오전 9시
   장소: 아파트 정문 앞에서 만나요.

과제 ❷ 들어 봅시다

1. ②
2. 금요일에 갈 거예요.

듣기 지문

1과 저는 태국 사람이에요.

과제 ①

선생님: 여러분, 안녕하세요? 자기소개를 하세요.
여 자: 안녕하세요? 저는 애니예요. 캐나다 사람이에요. 의사예요. 반가워요.
남 자: 안녕하세요? 제 이름은 존입니다. 필리핀 사람입니다. 요리사입니다. 만나서 반갑습니다.
남 자: 안녕하세요? 저는 팃티따예요. 태국에서 왔어요. 학생이에요. 만나서 반가워요.
남 자: 안녕하세요? 제 이름은 흥입니다. 베트남 사람입니다. 경찰입니다. 만나서 반갑습니다.

2과 교실에 시계가 있어요?

과제 ①

이 방은 미셸 씨 방입니다. 컴퓨터가 있어요. 책상하고 의자가 있어요. 텔레비전이랑 시계는 없어요.

3과 화장실이 어디에 있어요?

과제 ①

1) 가: 실례합니다. 지하철역이 어디에 있습니까?
나: 학교 왼쪽에 있습니다.
가: 감사합니다.

2) 가: 실례합니다. 다문화가족지원센터가 어디에 있습니까?
나: 마트 오른쪽에 있습니다.
가: 고맙습니다.

3) 가: 실례합니다. 버스 정류장이 어디에 있습니까?
나: 공원 옆에 있어요.
가: 네, 감사합니다.

4) 가: 죄송하지만 편의점이 어디에 있어요?
나: 서점 옆에 있습니다.
가: 저기 학교 맞은편이에요?
나: 네.
가: 고마워요.

4과 주말에는 보통 집에서 쉬어요.

과제 ①

에디: 자가 씨는 오늘 뭐 해요?
자가: 식당에서 친구를 만나요. 그리고 식당에서 밥을 먹어요. 에디 씨는 오늘 집에 가요?
에디: 아니요. 옷 가게에서 옷을 사요. 그리고 마트에서 장을 봐요.

과제 ②

자가: 에디 씨, 주말에 보통 뭐 해요?
에디: 저는 보통 친구를 만나요. 그리고 식당에서 밥을 먹어요. 자가 씨도 주말에 보통 친구를 만나요?
자가: 아니요. 저는 보통 집에 있어요.
에디: 집에서 뭐 해요?
자가: 책을 읽어요. 그리고 청소를 해요.

5과 한국 생활이 어때요?

과제 ①

1) 남자: 자가 씨, 지금 밖에 날씨가 어때요?
여자: 비가 많이 와요.
남자: 더워요?
여자: 아니요, 바람이 불어요.

2) 남자: 자가 씨, 몽골은 요즘 날씨가 어때요?
여자: 요즘 날씨가 아주 좋고 바람이 좀 불어요.

3) 여자: 아미르 씨, 한국 음식이 어때요?
남자: 아주 맛있어요.
여자: 매워요?
남자: 아니요. 괜찮아요.

과제 ②

선생님: 아미르 씨, 안녕하세요?
아미르: 안녕하세요?

1) 선생님: 한국어 공부가 어때요?
아미르: 저는 한국어 공부가 쉽고 재미있어요.

2) 선생님: 한국 교통이 어때요?
아미르: 한국 교통이 편하고 좋아요.

3) 선생님: 한국 음식이 어때요?
아미르: 매워요. 하지만 맛있어요.

6과 제 생일은 6월 11일이에요.

과제 ❶

나레카: 나트 씨 4월 21일에 시간이 있어요?
나 트: 네, 있어요. 왜요?
나레카: 4월 21일이 제 생일이에요. 그날 우리 집에서 파티가 있어요.
그날 우리 집에 오세요.
나 트: 네, 알겠어요.

과제 ❷

미 셸: 아미르 씨, 다음 주에 시간이 있어요?
아미르: 네, 있어요. 다음 주는 수업이 없어요.
미 셸: 그럼 수요일에 동대문에 같이 가요.
아미르: 네, 좋아요. 그런데 수요일이 며칠이에요?
미 셸: 14일이에요.
아미르: 14일……. 괜찮아요. 그런데 몇 시에 만나요?
미 셸: 2시가 어때요?
아미르: 좋아요.

7과 불고기 이 인분 주세요.

과제 ❶

1. 남자: 어서 오세요. 몇 분이세요?
여자: 3명이에요.
남자: 이쪽으로 오세요. 뭘 드릴까요?
여자: 불고기 4인분 주세요.
남자: 네, 음료는 뭐로 드릴까요?
여자: 콜라 3병 주세요.
남자: 네, 알겠습니다.

2. 여자: 아주머니, 여기요! 주문할게요.
여자: 네, 갑니다. 뭘 드릴까요?
여자: 불고기 3인분 주세요.
여자: 식사는 뭐로 드릴까요?
여자: 비빔밥 한 개하고 찌개 2인분 주세요.
여자: 공깃밥은요?
여자: 한 그릇 주세요.
여자: 네, 감사합니다.

8과 좀 깎아 주세요.

과제 ❶

엔 젤: 배추 1통에 얼마예요?
가게 주인: 1통에 3,000원이에요.
엔 젤: 여기 오이는 어떻게 해요?
가게 주인: 오이는 2개에 1,200원이에요.
엔 젤: 오이가 비싸네요. 좀 깎아 주세요.
가게 주인: 오이는 천 원만 주세요.
엔 젤: 고마워요. 그럼 배추 2통하고 오이 2개 주세요.
가게 주인: 여기 있어요.

과제 ❷

나 레 카: 아주머니, 이 사과는 얼마예요?
아주머니: 그건 일곱 개에 5,000원이에요. 오늘 딸기가 아주 달고 맛있어요. 자, 이거 하나 먹어 봐요.
나 레 카: (먹는 소리) 어머~ 정말 맛있네요. 딸기는 얼마예요?
아주머니: 한 바구니에 7,000원이에요.
나 레 카: 아주머니, 사과하고 딸기 모두 살 거예요. 좀 깎아 주세요.
아주머니: 그럼 모두 12,000원인데 11,000원만 주세요.
나 레 카: 고마워요.

9과 주말에 친구하고 등산했어요.

과제 ❶

자가: 나트 씨, 주말 잘 보냈어요?
나트: 네, 잘 지냈어요.
자가: 뭐 했어요?
나트: 토요일에는 집에서 쉬었어요. 그리고 일요일에는 가족하고 외식했어요. 자가 씨는요?
자가: 저는 친구랑 노래방에 갔어요. 그리고 식당에 가서 소주하고 삼겹살을 많이 먹었어요.

10과 가족과 놀이공원에 갈 거예요.

과제 ❶

저는 이번 여름 방학에 아이와 같이 아내의 고향 태국에 갈 거예요. 아이 할머니도 만나고 맛있는 태국 음식도 먹을 거예요. 그리고 아내의 친척들과 근처 바다에 가서 물놀이도 할 거예요.

11과 터미널에 어떻게 가요?

과제 ❶

여: 실례지만 명동에 어떻게 가요?
남: 사당역에서 지하철 4호선을 타세요.
여: 버스는 없어요?
남: 버스도 있어요. 하지만 한 시간쯤 걸려요.
여: 아, 네. 감사합니다.

12과 김치를 만들 수 있어요.

과제 ❶

나트: 자가 씨, 주말에 뭐 했어요?
자가: 친구하고 같이 제주도에 갔어요.
나트: 제주도요? 제주도가 어땠어요?
자가: 멀지만 정말 재미있었어요.
나트: 제주도 흑돼지를 먹었어요?
자가: 네, 아주 조금 비싸지만 맛있었어요.
나트: 한라산에도 갔어요?
자가: 네, 힘들었지만 아주 아름다웠어요.
나트: 정말 좋았겠어요.

과제 ❷

유미: 나트 씨, 한국어를 할 수 있어요?
나트: 네, 조금 할 수 있어요.
유미: 나트 씨 남편도 태국어를 할 수 있어요?
나트: 네, 조금 할 수 있어요.
유미: 그럼, 남편이 태국 요리를 할 수 있어요?
나트: 아니요. 못 해요. 하지만 한국 요리를 잘 만들어요.

13과 가족들에게 선물을 보내고 싶어요.

과제 ❶

1) 손　　님: 저기요, 이 사이즈가 좀 작아요. 더 큰 사이즈 있어요?
가게 점원: 네, 있어요. 잠시만 기다리세요.
2) 손　　님: 저기요, 이 바지가 좀 짧아요. 더 긴 거 있어요?
가게 점원: 네, 있어요. 잠시만 기다리세요.

과제 ❷

1) 나트: 친구 생일에 어떤 선물이 좋아요?
유미: 예쁜 꽃다발이 어때요?
2) 나트: 유미 씨는 부모님 생신에 무엇을 해요?
유미: 맛있는 식당에 가서 같이 식사를 해요.

14과 이 소포를 필리핀에 보내고 싶어요.

과제 ❶

직원: 어서 오세요.
에디: 이걸 캐나다에 보내고 싶어요.
직원: 이 안에 뭐가 들었어요?
에디: 꿀이에요.
직원: 그래요? 그럼 포장을 다시 해야 돼요.
에디: 그래요? 어떻게 포장해야 돼요?
직원: 먼저 꿀을 비닐로 여러 번 싸야 돼요. 그리고 그것을 상자에 넣으세요. 그리고 상자 안에 비닐과 종이를 많이 넣으세요.
에디: 알겠습니다.

과제 ❷

직원: 어서 오세요.
나트: 태국에 소포를 보내려고 해요.
직원: 네, 여기에 받는 분 이름과 주소를 쓰세요. 그리고 소포는 이 저울 위에 놓아 주세요. 안에 뭐가 들었어요?
나트: 홍삼이에요.
직원: 5kg이네요. 비행기로 보내실 거예요? 배로 보내실 거예요?
나트: 배로 보내면 얼마예요?
직원: 배로 보내면 15,000원이고 비행기로 보내면 25,000원이에요.

나트: 그럼 비행기로 보내 주세요.
직원: 네, 알겠습니다.

15과 머리가 아파요.

과제 ①

약사: 어서 오세요. 어디가 아파요?
나트: 발을 다쳤어요.
약사: 피도 나요?
나트: 아니요. 피는 안 나요.
약사: 그럼, 이 연고를 바른 후에 반창고를 붙이세요.
나트: 약은 안 먹어도 돼요?
약사: 네, 안 먹어도 돼요.
나트: 네.

과제 ②

의사: 어디가 아파서 오셨어요?
자가: 배가 아프고, 열이 나요.
의사: 언제부터 아팠어요?
자가: 어제부터 아팠어요.
의사: 배탈이네요. 이 약을 사서 드세요. 그리고 따뜻한 물을 자주 드세요.
자가: 네.
의사: 그리고, 내일 다시 한번 병원에 오세요.
자가: 네, 알겠습니다. 감사합니다

16과 같이 영화보러 갈까요?

과제 ①

유미: 나트 씨, 내일 남대문 시장에 같이 갈까요?
나트: 미안해요. 내일은 남편이랑 시부모님 댁에 가야 해서 같이 못 가요.
유미: 그래요? 그럼 이번 주말은 어때요?
나트: 네, 좋아요. 토요일 오후에 같이 갈까요?
유미: 오후에는 복잡하니까 오전에 갑시다.
나트: 네, 그래요. 그럼 9시에 아파트 정문에서 만나요.

과제 ②

자가: 나트 씨, 이제 시험도 끝났으니까 우리 같이 영화 보러 갈까요?
나트: 네, 좋아요. 언제가 좋아요?
자가: 음...... 저는 다 괜찮아요.
나트: 그럼, 금요일에 갈까요?
자가: 네, 좋아요. 그럼 금요일에 수업이 끝나고 가요.
나트: 좋아요.

영어

① Why do Koreans ask how old people are?

When Koreans meet for the first time, they ask such things as, "How old are you?" "What is your Chinese Zodiac Sign?" and "What year were you born?" For Koreans, these questions come naturally, but can be very uncomfortable for foreigners. So why do Koreans ask about age? It is because of the need to properly address people based on the age and seniority, which is part of Korea's unique language etiquette (For example, when the other person is older or younger, Koreans must choose the appropriate title and language etiquette based on his or her age). When it comes to addressing older people In Korea (anyone older than you are), one does not refer to people by their first name. Instead, the level of formality in speech with the appropriate title according to age, position, and so on are used.

② What are the symbols of Korea?

In Korea, the symbols include the national flag called "Taegeukgi," the National Anthem, the national flower called Rose of Sharon, and Hangul, which is Korea's unique writing system.

③ Do you know the meaning of traffic safety signs?

In Korea, have you seen a lot of traffic safety signs on the road? Do you know what they means? Signs with a white background and red border means "you should not do it." In other words, for safety, these signs show what is prohibited. Also, signs with a blue background and other content (characters, symbols), mean 'you can do this.' In other words, for safety, these signs show what is allowed.

④ Why do Koreans use the phrase "Ppalli Ppalli?"

Well, Koreans work and eat really quickly. So when foreigners come to Korea, the first thing they probably learn is the word for fast, which is "Ppalli Ppalli." Also, thanks to this fast paced culture, Korea was able to grow its economy in a very short period of time. This also contributed to Korea becoming the country with the world's fastest internet connection speed.

⑤ Is there really four seasons?

Korea has four seasons including spring, summer, autumn and winter. However, spring and fall seasons are getting shorter and summer and winter seasons are getting longer. What seasons do you have in your country? How is the weather during each season? What do you do during each season?
Spring (March ~ May), the weather is warm and flowers bloom. So it is best time to go see the flowers bloom.
Summer (June to August), the weather is hot, and there is a lot of rain due to the monsoon season.
Autumn (September to November), the weather is cool and the leaves change color. So it is the best time to go see the autumn colors.
Winter (December to February), the weather is cold and it snows.

⑥ Do Koreans have two birthdays?

In Korea, people use both the Solar (Gregorian) and Lunar Calendars. The solar calendar is based on the time it takes for the earth to rotate around the sun, and the lunar calendar is based on the time it takes for the moon to rotate around earth. Most Korean calendars have both solar and lunar dates and signs, but many people do not use the lunar dates often any longer.
However, key holidays such has Chuseok (fall harvest celebration) on August 15th and New Year's Day on January 1st are always based on the lunar calendar. When determining your age and birthday, the younger generations generally use the solar calendar, and the older generations generally still use the lunar calendar.

⑦ The use of spoons and chopsticks

In Korean culture, people hold their bowls with one hand and eat using spoons and chopsticks. Also, those who are younger must always wait for elders to eat first.

⑧ Who are the people on Korea's paper currency (bank notes)?

Are there people on the face of paper currency in your country? In Korea, there are five people on the face of paper currency. These five are all people from the Joseon Dynasty era, who are highly respected.
Who are the people on your country's paper currency?

⑨ Koreans enjoy hiking

In Korea, hiking, listening to music, sports, games, reading, and watching movies are all typical hobbies, and of them, hiking is the favorite. This is especially true for middle-aged and older men who really enjoy hiking. It is easy to go hiking in Korea as about 75% of the country is mountainous. So, on weekends, there are many people who go hiking with family and friends. When you hike, it is a good form of exercise and relieve stress. In addition, after the hike, many people enjoy some traditional but simple food such as Korean pancakes called "pajeon" and rice wine called "makgeolli."

⑩ What do Koreans do on weekends?

Koreans usually watch TV with their families on weekends, and at times, just take a break at home or do some housework. Koreans also play computer games and surf the internet. In addition, many Koreans enjoy some light exercise or other hobbies near their house. However, if Koreans have the time and money, they normally want to travel a lot.

⑪ Grab a public transportation card!

Korea has a well-developed public transportation system. In major metropolitan areas, many use public transportation cards or credit cards (that can be used for transportation) instead of cash when they ride on the subway or bus.
More importantly, people can get a discount when they pay with public transportation cards or credit cards, and can change buses or subway lines for free. However, for this free benefit, people must change lines within 30 minutes, and can do this up to four times a day.

⑫ Koreans really love singing

Koreans have enjoyed dancing and singing for a very long time. They have sang when they were not only happy but when they were sad, and when they were working hard. Koreans love for singing has continuing over the years. As a rule, people do not skip out of singing and dancing when at parties or other gatherings. There are also many TV singing programs, which have helped to create the culture we know today as the Korean Wave and K-POP.
Do people like to sing in your country? When do people normally sing?

⑬ Do you give money as a gift?

In Korea, many people give gifts when there are special celebrations such as weddings. Also, when others get an award or are hospitalized, they normally receive a comforting gift. Gifts are usually given in the form of cash. When this happens, the cash is usually put in a white envelope, with an appropriate expression of congratulation or comfort written on the front.
In your country, what do you normally give to people getting married or when they receive an award?

⑭ What services are available at post offices?

Korean post offices offer many additional services outside of traditional postal work such as registered mail, sending parcels, and express mail service (EMS). The post offices also offer banking and credit card services, insurance and special delivery services. Also, based on the region the post offices are located in, they sell specialty goods and even mobile phones. Like other government offices, post office hours of operation are daily from 9:00 am to 6:00 pm. There you can withdrawal or exchange money, purchase insurance, buy a cell phone and ship goods.
Finally, when multicultural families use EMS, there is also a 10% discount.

⑮ In Korea, what types of hospitals have you used?

In Korea, medical facilities are well developed. Also, due to the advanced health insurance system, the cost is minimal when you are sick. Usually when people

have an illness such as a stomach ache, they go to an internal medicine or family practice clinic in their neighborhood (private hospital is for primary care or "1st level)). For ear, nose, and throat issues, people can see an ENT specialist, and for any skin issues, they can see a dermatologist. However, when children are sick, they normally go to a pediatric clinic. Also, when it is difficult to get treatment at a local clinic, people can go to a general hospital (secondary medical institution or "2nd level"). Finally, at night when people are suddenly ill and need help, they must go to the general hospital emergency room, or dial 119 for emergency services.
1st level medical care (private hospitals and clinics), 2nd level medical care (30-500 beds), 3rd level are (over 500 beds)

16 Do all Koreans like soccer?

Koreans enjoy sports in their spare time, and among the various sports, many people play soccer. From childhood, boys start to participate in school soccer clubs. Also, adults form and participate in soccer clubs too. It is through these activities that Koreans are able to exercise relieve their stress.
Recently, soccer among women is becoming increasingly popular as well. In addition to girls' youth soccer class, middle school soccer started in 2017. Finally, at the 2010 FIFA U-17 Women's World Cup, the Korean national women's soccer team won the championship.
What sports are popular in your country?

베트남어

1 Tại sao người Hàn Quốc lại hỏi về tuổi của bạn?

Khi gặp mặt lần đầu tiên, người Hàn Quốc thường hỏi những câu liên quan đến tuổi tác như 'Bạn bao nhiêu tuổi?', 'Bạn tuổi con gì?', 'Bạn sinh năm bao nhiêu?'. Những câu hỏi như vậy đối với người Hàn Quốc là lẽ rất đổi tự nhiên, tuy nhiên đối với người nước ngoài đôi khi cảm thấy rất không thoải mái. Vậy thì tại sao người Hàn Quốc lạ hỏi về tuổi tác? Vì bởi lẽ muốn biết đối phương so với bản thân mình lớn tuổi hơn hay nhỏ tuổi hơn để thuận tiện cho việc lựa chọn cách xưng hô sao cho đúng nhằm giữ lễ nghĩa về mặt ngôn ngữ. Ở Hàn Quốc nếu đối phương lớn tuổi hơn bản thân người nói thì người nói sẽ không gọi thẳng tên của đối phương. Thay vào đó, dựa theo tuổi tác và chức trách họ sẽ dùng lời lẽ kính trọng (존댓말) và xưng hô sao cho phải phép.

2 Biểu tượng của Hàn quốc là gì?

Biểu tượng của Hàn Quốc có quốc kỳ, quốc ca, quốc hoa (hoa mugung), và có cả chữ Hàn (hangul).
Đất nước quý vị có những vật biểu tượng gì?

3 Bạn có biết ý nghĩa của những biển báo an toàn giao thông?

Chắc là bạn đã thấy rất nhiều biển báo giao thông trên đường đúng không? Bạn có hiểu được ý nghĩa của những biển báo đó không? Những đường giới hạn màu đỏ trên nền trắng mang ý nghĩa 'Cấm ...' (biển cấm). Loại biển này thông báo vì sự an toàn, bạn không được phép làm điều gì đó. Những nội dung (ký hiệu, chữ) trên nên màu xanh có ý nghĩa 'Hãy làm như thế này.' Loại biển này nhằm cho biết phương pháp để đảm bảo sự an toàn.

4 Tại sao người Hàn Quốc hay nói 'nhanh nhanh' (빨리빨리) (làm nhanh lên)?

Người Hàn Quốc ăn cơm rất nhanh và làm việc cũng rất nhanh. Chính vì vậy người nước ngoài khi đến Hàn Quốc thì lời nói trước tiên có thể học chính là 'nhanh nhanh'. Nhờ vào văn hóa 'nhanh nhanh' mà đất nước Hàn Quốc trong một thời gian ngắn đã tăng trưởng kinh tế một cách vượt bậc, hơn nữa điều đó cũng đóng góp rất nhiều vào việc giúp Hàn Quốc trở thành quốc gia có tốc độ internet nhanh nhất thế giới.
Điểm tích cực và tiêu cực của văn hóa 'nhanh nhanh'?

5 Thật sự có cả bốn mùa?

Hàn Quốc có cả 4 mùa xuân, hạ, thu, đông. Tuy nhiên, mùa xuân và mùa thu càng ngày càng ngắn lại còn mùa hè và mùa đông lại dần dài ra. Mùa xuân (tháng 3~5)
Thời tiết ấm áp. Hoa nở nhiều. Mọi người thường đi ngắm hoa nở.
Mùa hè (tháng 6~8)
Thời tiết nóng bức. Có mùa mưa mưa rất nhiều. Có kì nghỉ hè.
Mùa thu (tháng 9~11)
Thời tiết mát mẻ. Lá phong chuyển đỏ. Mọi người thường đi ngắm lá đỏ.

Mùa đông (tháng 12~2)
Thời tiết lạnh. Có tuyết rơi.

6 Người Hàn Quốc có hai ngày sinh nhật?

Hàn Quốc sử dụng cả âm lịch và dương lịch. Dương lịch dựa trên cơ sở thời gian mà trái đất quay quay mặt trời, còn âm lịch dưa trên cở mặt trang xoay quanh trái đất. Lịch hàn quốc đều biểu thị cả âm và dương lịch nhưng hầu như không ghi âm lịch nhiều.
Tuy nhiên, những ngày lễ lớn như trung thu (15/8) và tết (1/1) thì luôn tinh theo âm lịch. Phần lớn giới trẻ thường lấy ngày sinh nhật theo dương lịch còn những người lớn tuổi thì lấy ngày sinh theo âm lịch.
Đất nước của bạn thì sao?

7 Sử dụng cả thìa và đũa

Nước bạn có những phép lịch sự khi ăn uống nào?
Hãy so sánh những phép lịch sự khi ăn uống của nước bạn với của Hàn Quốc.

8 Hình người được in trên tiền là ai?

Trên tờ tiền của đất nước bạn có in hình người không? Trên tờ tiền Hàn Quốc có hình của bốn danh nhân. Họ đều là những danh nhân của thời đại Joseon mà người Hàn Quốc kính trọng.
Trên tờ tiền của nước bạn có in hình những danh nhân nào?

9 Người Hàn Quốc thích leo núi

Leo núi, thưởng thức âm nhạc, thể dục, chơi game, đọc sách, xem phim đều là những sở thích tiêu biểu của người Hàn Quốc. Trong đó người Hàn Quốc thích nhất là leo núi. Đặc biệt là nam giới ở độ tuổi trung niên thì vô cùng thích leo núi. Vì 75% đất nước Hàn Quốc đều là núi nên việc leo núi cũng thuận tiện. Vì vậy, vào cuối tuần, rất nhiều người đi leo núi cùng gia đình hoặc cùng bạn bè. Leo núi không chỉ là vận động cơ thể mà còn giúp ích rất nhiều vào việc giải tỏa áp lực. Và sau khi leo núi, đôi khi người Hàn Quốc sẽ thưởng thức một chút rượu gạo cùng với bánh kếp hành.

10 Người Hàn Quốc làm gì vào cuối tuần?

Người Hàn thường nghỉ ngơi hoặc cùng nhau làm việc nhà vào cuối tuần. Cũng có khi họ chơi game hay lướt internet. Ngoài ra, họ cũng tập thể dục ở một nơi nào đó gần nhà hoặc làm những việc tùy theo sở thích cá nhân. Tuy nhiên, người Hàn thường nói nếu có nhiều thời gian và nhiều tiền thì họ muốn đi du lịch.
Bạn làm gì vào cuối tuần? Ở nước bạn, người ta thường làm gì vào cuối tuần?

11 Nhanh tít tắt chỉ bằng một thẻ tham gia giao thông!

Giao thông ở hàn quốc rất phát triển. Ở những đô thị lớn người ta dùng thẻ tín dụng (có thêm tính năng thẻ giao thông) và thẻ giao thông thay cho tiền mặt khi đi tàu điện ngầm và xe buýt.
Nếu trả phí bằng thẻ tín dụng hay thẻ giao thông thì có thể được giảm giá. Hơn thế, khi đổi tàu hay xe buýt thì có thể được đi miễn phí. Tuy nhiên, nếu muốn được đi miễn phí thì nội trong 30 phút kể từ khi quẹt thẻ xuống xe phải thực hiện việc đổi tàu, xe. Trong một ngày có thể nhận được việc ưu đãi đi miễn phí đến 4 lần.
Ở nước bạn, người ta trả phí khi đi phương tiện công cộng bằng cách nào? Hãy nói chuyện cùng bạn của mình.

12 Người hàn quốc thật sự thích ca hát.

Từ xa xưa, người Hàn đã rất thích nhảy múa và ca hát. Không chỉ những khi vui vẻ mà đến cả những khi buồn hay khi gặp vất vả trong công việc thì người Hàn cũng cất tiếng hát. Tình yêu dành cho ca hát vẫn được duy trì cho đến ngày nay. Vì thế ở Hàn Quốc, tại những buổi họp mặt hay nhưng bữa tiệc không bao giờ là không có ca hát và nhảy múa. Những chương trình ca nhạc trên truyền hình cũng rất nhiều. Chính văn hóa như vậy đã làm nên K-Pop và làn sóng hallyu của Hàn Quốc.
Người nước bạn có thích ca hát không? Mọi người thường ca hát khi nào?

13 Mọi người tặng tiền thay quà?

Người Hàn thường tặng quà chúc mừng vào những dịp đặc biệt và tiệc cưới. Ngoài ra, người ta cũng tặng quà khi ai đó bị thương hay nhập viện để an ủi. Trong những trường hợp như thế người ta thương dùng tiền mặt thay

cho quà cáp. Tiền được bỏ vào phong bì trắng và viết lời chúc mừng, hoặc lời an ủi động viên lên trên.
Ở nước bạn người ta tặng quà gì khi đi đám cưới và khi đi thăm bệnh?

14 Người ta có thể làm được những gì ở bưu điện?

Ngoài những việc liên quan đến thư từ (thư bảo đảm, bưu phẩm, EMS) thì bưu điện cũng đảm nhận rất nhiều việc khác. Bưu điện có chức năng như những ngân hàng, công ty bảo hiểm,và cả những công ty chuyển phát nhanh. Hơn nữa, ở bưu điện cũng có bán đặc sản của mỗi khu vực và cả điện thoại di động. Bưu điện làm việc từ 9 giờ sáng tới 6 giờ chiều như các cơ quan hành chính nhà nước khác.

15 Cứ đến khoa nội là được sao?

Các bạn đã đi đến loại bệnh viện nào của Hàn Quốc rồi? Ở Hàn Quốc, cơ sở vật chất ngành y tế khá phát triển. Chế độ bảo hiểm sức khỏe cũng luôn được đảm bảo nên dù có bệnh cũng không phải tốn quá nhiều tiền. Thông thường khi bị đau bụng thì có thể tìm đến bệnh viện nội khoa hoặc phòng khám gia đình có trong khu phố mình ở (phòng khám tư nhân - cơ quan thăm khám chữa bệnh cấp độ 1). Tai, mũi, họng bị đau thì có thể tìm đến khoa tai mũi họng; nếu có vấn đề về da thì có thể tìm đến khoa da liễu. Tuy nhiên, khi trẻ em bị đau thì thường phải tìm đến khoa nhi. Trong trường hợp việc trị liệu tại các bệnh viện trong khu phố quá khó khăn thì có thể tìm đến bệnh viện tổng hợp (cơ sở thăm khám chữa bệnh cấp độ 2).
Đột nhiên đau bệnh vào lúc nửa đêm thì nhất định phải đến phòng cấp cứu tại bệnh viện tổng hợp. Khi cần giúp đỡ của người khác thì có thể gọi đến số 119.

16 Tất cả người Hàn Quốc đều yêu thích bóng đá?

Người Hàn Quốc rất thích chơi thể thao khi có thời gian rảnh rỗi. Trong số đó, bóng đá là môn thể thao được ưa chuộng nhất. Những bé trai ngay từ khi còn nhỏ đã cùng nhau lập ra các câu lạc bộ bóng đá, những người trưởng thành thì thường tạo ra các hội bóng đá để cùng nhau tham gia. Cứ như vậy người hàn quốc tạo ra các câu lạc bộ, các đội bóng đá để vừa có thể vận động cơ thể vừa giải tỏa áp lực.
Hơn nữa gần đây số lượng nữ giới tham gia đá bóng cũng đang tăng dần. Những phòng học đá bóng dành cho những bé gái thì đã có từ lâu rồi, và từ năm 2017 phòng học đá bóng ở mức độ trung cấp cũng đã hình thành. Năm 2010 tại FIFA U-17 World Cup dành cho nữ giới đội bóng đại diện cho Hàn Quốc cũng đã giành chiến thắng.
Mọi người ở nước bạn quan tâm đến môn bóng đá nào?

중국어

1 韩国人为什么问年龄呢?

韩国人在第一次见面的时候，会像这样问年龄：“年龄多大了?”，“你属什么?”，“你是哪年的?”。这些问题虽然对韩国人来说很自然，但有可能让外国人很不舒服。那么，韩国人为什么会问年龄呢?这是因为需要根据对方比自己年龄大还是比自己年龄小来选择符合语言礼仪的合适的称呼。在韩国，不能直呼比自己年龄大的人的姓名，而是根据年龄、职责来选择相应的称呼和敬语。

2 什么是韩国的象征?

韩国的象征有太极旗(韩国国旗)、爱国歌（韩国国歌）、木槿花（韩国国花）和韩文（韩国文字）。

3 知道交通安全标志的含义吗?

在路上看到很多交通安全标志了吧?知道是什么意思吗?白底红框的是“不要做”的意思，是告诉大家为了安全不可以做的。在蓝底上写着内容（文字、记号）的是“请这样做”的意思，是告诉大家安全的方法。

4 韩国人为什么说“빨리빨리（快点儿）”?

韩国人吃饭也快，做事也快，所以外国人来韩国以后最先学的话也是“빨리빨리（快点儿）”。也正是因为“빨리빨리（快点儿）”的文化，韩国经济才能在短时间内得到快速生长，也为韩国成为网络强国做出了贡献。

5 真的有四季吗?

在韩国有春、夏、秋、冬四个季节。但是春天和秋天正在变得越来越短，夏天和冬天正在变得越来越长。
春天（3月~5月）天气暖和，百花盛开，外出赏花。
夏天（6月~8月）天气变热，梅雨季多雨，去夏季休假。
秋天（9月~11月） 天气凉爽，枫叶变红，去观赏枫叶。
冬天（12月~2月）天气寒冷，经常下雪。

6 韩国人有两个生日吗?

在韩国阳历和阴历都在使用。阳历是按太阳绕地球一圈的时间，阴历是按月亮绕地球一圈的时间为基准编成的。韩国的台历一般把阳历和阴历都标出来，但是阴历用的并不多。
像추석（8.15.）和설（春节1.1.）这样的传统节日是要按照阴历的。年轻人大部分过阳历的生日，而年长的人一般过阴历的生日。

7 使用勺子和筷子

端起碗来吃饭。吃饭的时候只用一只手。吃饭的时候用勺子。要等长辈开始吃以后再吃。

8 纸币上的人是谁?

大家自己国家的钱币上也画着人物画像吗? 韩国货币上的人一共有四个人物。都是韩国人尊敬的朝鲜时代的人物。

9 韩国人喜欢爬山

爬山、欣赏音乐、运动、游戏、读书、看电影是具有代表性的韩国人的兴趣爱好。其中爬山是韩国人最喜欢的活动，特别是中年以上的男性更是喜欢爬山。韩国国土的75%是山，因此去爬山也很方便。所以到周末，很多人会跟家人、朋友一起去爬山。爬山即也可以锻炼身体，也可以缓解压力。另外，爬山以后也会喝米酒、吃葱饼等进行简单的用餐。

10 韩国人周末做什么呢?

韩国人周末一般在家休息或做家务。还会玩儿电脑游戏或者上网。除此之外，还会在家附近做简单的运动和参加兴趣活动。但是如果有时间和钱的话也很愿意去旅行。

11 一张交通卡全解决！

韩国的公共交通很发达。在大城市坐地铁或公交车的时候，比起现金，更多使用交通卡和（带交通卡功能的）信用卡。
用交通卡或信用卡付交通费的话会有优惠，在换乘公交车或地铁的时候也可以免费，但是需要在三十分钟以内换乘，一天之内可以免费换乘四次。

12 韩国人真的很喜欢唱歌

韩民族从很早以前就非常喜爱歌舞。高兴的时候会唱歌，伤心的时候，累的时候也会唱歌。韩国人的这种对唱歌的热爱一直持续到现在。所以，在聚餐或者各种聚会上也少不了唱歌和跳舞。另外，电视上也有很多歌曲类节目。也是在这种文化里才诞生了韩流、K-POP。

13 送礼物会送钱吗?

在韩国，像结婚一样值得特别祝贺的时候会送礼物。另外有丧事或者住院的时候，出于安慰也会送礼物。这时候比起送东西，一般更多会送现金。会把现金装进白色信封里，并且写上祝贺或安慰的话。

14 在邮局里能做什么?

在邮局除了邮递业务（挂号信、包裹、EMS等），还可以做很多事。银行、保险公司、信用卡公司的业务，快递公司的业务也做。另外也卖韩国各地区的特产和手机（节省型手机알뜰폰）邮局也跟其他政府机关一样从上午9点到下午6点办业务。可以取钱或者换外汇，也可以发快递、买手机。多文化家庭使用EMS会有10%的优惠。

15 也可以去内科吗?

韩国的医疗设施很发达。健康保险制度也很完善，所以生病不用花很多钱。一般肚子疼之类的会去附近的内科或者家庭医学科（个人医院-1次医疗机构）。耳朵，鼻子、咽喉生病去耳鼻咽喉专科医院，皮肤有问题去皮肤专科医院。但是小孩子生病的话主要去小儿青少年专科医院。另外，附近医院无法治疗的话，要去综合医院（2次医疗机构）。晚上生病的话需要去综合医院的急诊室，需要别人帮助的话可以联系119。

16 韩国人都喜欢足球吗?

韩国人喜欢利用休闲时间运动。其中很多人喜欢足球。男孩儿从小就在学校组成足球队一起玩儿。成年人也会组织"晨间足球会"一起踢足球。像这样韩国人一起组成足球队和聚会一边运动，一边缓解压力。
另外，最近踢足球的女性也慢慢多了起来。不仅有了少儿女子足球训练班，从2017年开始也有了初高中部足球训练班。在2010年FIFA U-17女子世界杯上韩国女子足球国家队取得了胜利。

일본어

1 韓国人はなぜ年齢を聞くのですか？

韓国人は初めて会った時、「何歳ですか？」、「干支は何ですか？」、「何年生まれですか？」と年齢を聞きます。このような質問は、韓国人には自然ですが外国人には非常に気分を害することもあります。韓国人はなぜ年齢を尋ねるのでしょうか？相手が自分より年齢が上か下かに応じて、それに合った呼称を選択して、言葉の表現の礼儀を守らなければならないからです。韓国では自分より年上の人の名前を呼びません。その代わりに、年齢、役職などに応じてそれに合った呼称と敬語を用います。

2 韓国を象徴するのものは何ですか？

韓国を象徴するものは太極旗、国歌、ムクゲの花、そしてハングル文字があります。皆さんの国を象徴するものは何ですか。

3 交通安全標識の意味を知っていますか？

道路の交通安全標識をたくさん見たでしょうか？どんな意味か知っていますか？白地に赤枠があるのは「しないでください。」という意味です。安全のために禁止されていることを知らせています。青の背景に内容（文字、記号）があるのは、「このようにしてください。」という意味です。安全のための方法を知らせています。

4 韓国に来て、一番最初に学んだ言葉は何ですか？

韓国人はご飯も早く食べ仕事も早くします。ですから外国人が韓国に来て一番最初に学ぶ言葉「早く早く」だといいます。「早く早く」の文化のおかげで韓国は非常に短い期間に経済成長をすることができたといえます。また、その文化が世界最高のインターネット大国になるのに貢献しました。
「早く」してよかった点、大変だった点は何ですか。

5 本当に四季がありますか？

韓国には、春、夏、秋、冬の四季があります。ですが、すこしづつ春と秋が短くなって夏と冬が長くなっています。
春（3月～5月）暖かいです。花が咲きます。花を見に行きます。
夏（6月～8月）暑いです。梅雨の時期に雨が多く降ります。夏の休暇をとります。
秋（9月～11月）涼しいです。紅葉の季節です。紅葉を見に行く。
冬（12月～2月）·寒いです。·雪が降ります。

6 韓国人は誕生日が何故二つあるのですか？

韓国では新暦と旧暦の両方を使用しています。新暦は、地球が太陽を一周時間を目安に旧暦は月が地球を一周回る時間を基準に作成しました。韓国のカレンダーの多くは、新暦と旧暦の両方が表示がされていますが、旧暦の多くは使われません。
ただし、秋夕(チュソク、日本でいうお盆)（8/15）とお正月（1/1）のような祝日は必ず旧暦で行います。誕生日は、若い世代はほとんど新暦で、高齢の人々は旧暦で祝っています。

7 スプーンと箸を使用しています

うつわを手に持って食べます。食事をするときには一方の手を使います。食事をするときスプーンを使用しています。目上の方が先に食事するのを待ちます。

8 紙幣の中の人は誰ですか？

あなたの国のお金にも人物が描かれていますか？　韓国の通貨の中の人物は、全員で４人です。すべての人物が韓国人が尊敬する朝鮮時代の人々です。皆さんの国の貨幣にはどんな方がいますか。

9 韓国人は登山が好きです

登山、音楽鑑賞、スポーツ、ゲーム、読書、映画は韓国人の代表的な趣味です。このうち登山は韓国人が最も好きな趣味です。特に中年層以上の男性が登山が好きです。韓国は国土の75%が山であるため、登山をするのに便利だといえます。なので週末に家族で、また友人同士で登山に行く人が多いです。登山をすると運動にもなり、ストレス発散にも良いです。そして登山の後にはマッコリ、チヂミなどを食べながら簡単に食事をしたりします。

10 韓国人は週末に何をしますか？

韓国の人々は、週末に家でリラックスしたり、また家事をしたりしています。また、コンピュータゲームやインターネット検索などをしたりもしています。この他にも家の近くで軽い運動をしたり、趣味をしています。ですが、時間とお金があれば「旅」を多くしたいと思います。

11 交通カード一つで、ささっと！

韓国は公共交通機関が、とても発達しています。大都市では地下鉄、バスに乗るとき、現金の代わりに交通カードとクレジットカード（交通カード機能あり）を多く使用しています。
交通カードやクレジットカードで料金の割引を受けることができます。また、バスや地下鉄を乗り換えるとき、無料で乗ることもできます。無料で乗る場合30分以内に乗り換えなくてはなりません。一日に4回まで無料で乗りかえることができます。

12 韓国人は歌を本当に好きです

韓国の民族は昔から踊りと歌を楽しみました。楽しい時だけでなく、悲しいとき、大変な仕事をする時も歌を歌いました。韓国人のこのような歌を愛する心は今もなお続いています。ですので韓国では飲み会や各種の集まりでも歌と踊りがかかせないものとなっています。また、テレビの歌番組もとても多いです。このような文化が、韓流、K-POPを作ったといえます。

13 贈り物としてお金をあげるのですか？

韓国では、結婚のように特別にお祝いすることがあるときにプレゼントをします。また、お葬式があった場合、病院に入院した時にも慰めや励ましのためにプレゼントをします。こういうときは、物のかわりに現金をおくります。現金は通常は白封筒に入れて渡しますが、必ずお祝いや慰めの言葉を書きます。

14 郵便局では、何をしますか？

郵便局では、メール業務（登記、小包、EMSなど）のほか、多くのことを行っています。銀行や保険会社、カード会社でするような仕事もし、宅配会社でするような仕事もしています。また韓国の各地域の特産物、携帯電話（倹約フォン）なども売っています。郵便局も、他の官公署のように、午前9時から午後6時まで仕事をしています。お金をおろしたり両替もでき、保険加入もできます。船便も送ることができます。携帯電話を購入することもできます。EMSを利用する多文化家庭には、料金を10%割引してくれます。

15 内科に行ってもいいですか？

韓国には、医療施設がよく発達しています。そして健康保険制度も充実していて具合が悪くてもさほど医療費は高くない方です。通常、お腹が痛くなったりするときは、近所にある内科や個人病院（家庭医学科-1次医療機関）に行きます。耳,鼻、首の具合が悪いときは、耳鼻咽喉科に、肌に問題がある場合は皮膚科に行きます。しかし、子供たちが具合が悪いときは、おもに小児青少年科に行きます。そして近所の病院での治療が難しい場合は、総合病院（2次医療機関）に行きます。夜以降に具合が悪いときは総合病院の緊急治療室に行く必要があります。他の人の助けが必要な時は119番に連絡できます。

16 韓国人はみんなサッカーが好きですか？

韓国人は暇な時間にスポーツを楽しみます。その中でもサッカーをたくさんします。男の子は子供の頃から、学校のサッカークラブを作って一緒に遊びます。大人たちは「早朝サッカー会」を作ってサッカーをしたりしています。このように韓国の人々はサッカーの集まりやチームを作って運動をしストレスを解消しています。
また、最近はサッカーをする女性も増えています。女子サッカー教室はもちろん、2017年からは中等部サッカー教室も始まりました。 2010年 FIFA U-17女子ワールドカップでは、韓国の女子サッカー国家代表チームが優勝しました。

단어장

단원	구분	위치	어휘	쪽
1-1	정한	어휘	나라	30
1-1	정한	어휘	국적	30
1-1	정한	어휘	한국	30
1-1	정한	어휘	사람	30
1-1	정한	어휘	캐나다	30
1-1	정한	어휘	방글라데시	30
1-1	정한	어휘	가나	30
1-1	정한	어휘	필리핀	30
1-1	정한	어휘	일본	30
1-1	정한	어휘	몽골	30
1-1	정한	어휘	프랑스	30
1-1	정한	어휘	캄보디아	30
1-1	정한	어휘	인도	30
1-1	정한	어휘	태국	30
1-1	정한	어휘	중국	30
1-1	정한	어휘	맛있다	30
1-1	정한	어휘	드시다	30
1-1	정한	어휘	잘	30
1-1	정한	어휘	먹다	30
1-1	정한	어휘	미안하다	30
1-1	정한	어휘	괜찮다	30
1-1	정한	어휘	고맙다	30
1-1	정한	어휘	회사원	31
1-1	정한	어휘	간호사	31
1-1	정한	어휘	요리사	31
1-1	정한	어휘	의사	31
1-1	정한	어휘	선생님	31
1-1	정한	어휘	학생	31
1-1	정한	어휘	주부	31
1-1	정한	어휘	배우	31
1-1	정한	어휘	미용사	31
1-1	정한	어휘	경찰관	31
1-1	정한	어휘	군인	31
1-1	정한	어휘	가수	31
1-1	정한	어휘	네	31
1-1	정한	어휘	아니다	31
1-1	즐한	준비1	안녕하다	38
1-1	즐한	준비1	저	38
1-1	즐한	준비1	미국	38
1-1	즐한	준비1	이름	38
1-1	즐한	준비1	만나다	38
1-1	즐한	준비1	반갑다	38

단원	구분	위치	어휘	쪽
1-1	즐한	준비2	씨	39
1-1	즐한	준비2	직업	39
1-1	즐한	준비3	혹시	40
1-1	즐한	준비3	나이지리아	40
1-1	즐한	준비3	베트남	40
1-1	정한	문법3	공무원	34
1-1	즐한	과제1	여러분	41
1-1	즐한	과제1	자기소개	41
1-1	즐한	과제1	하다	41
1-1	즐한	과제1	기술자	42
1-1	즐한	과제1	오다	42
1-1	즐한	과제2	외국인 등록증	44
1-1	즐한	과제2	외국인 등록 번호	44
1-1	즐한	과제2	성별	44
1-1	즐한	과제2	성명	44
1-1	즐한	과제2	국가	44
1-1	즐한	과제2	지역	44
1-1	즐한	과제2	체류 자격	44
1-1	즐한	과제2	일반 연수	44
1-1	즐한	과제2	발급일자	44
1-1	정한	읽고 쓰기	가봉	35
1-1	정한	읽고 쓰기	인사	35
1-2	정한	어휘	우산	36
1-2	정한	어휘	가방	36
1-2	정한	어휘	카메라	36
1-2	정한	어휘	책상	36
1-2	정한	어휘	의자	36
1-2	정한	어휘	책	36
1-2	정한	어휘	공책	36
1-2	정한	어휘	칠판	36
1-2	정한	어휘	볼펜	36
1-2	정한	어휘	지우개	36
1-2	정한	어휘	핸드폰	36
1-2	정한	어휘	안경	36
1-2	정한	어휘	연필	36
1-2	정한	어휘	필통	36
1-2	정한	어휘	시계	36
1-2	정한	어휘	구두	36
1-2	정한	어휘	뭐(=무엇)	37
1-2	정한	어휘	위	37
1-2	정한	어휘	안	37
1-2	정한	어휘	앞	37

단원	구분	위치	어휘	쪽
1-2	정한	어휘	오른쪽	37
1-2	정한	어휘	왼쪽	37
1-2	정한	어휘	옆	37
1-2	정한	어휘	뒤	37
1-2	정한	어휘	아래	37
1-2	정한	어휘	밑	37
1-2	정한	어휘	밖	37
1-2	즐한	준비1	어디	48
1-2	즐한	준비1	있다	48
1-2	즐한	준비1	컴퓨터	48
1-2	즐한	준비1	없다	48
1-2	즐한	준비1	교실	48
1-2	즐한	준비1	방	48
1-2	정한	문법1	모자	38
1-2	정한	문법1	한국어	38
1-2	정한	문법1	사전	38
1-2	정한	문법1	창문	38
1-2	즐한	준비2	이거	49
1-2	즐한	준비2	저거	49
1-2	즐한	준비2	그거	49
1-2	즐한	준비2	휴대 전화	49
1-2	정한	문법2	이분	39
1-2	정한	문법2	지도	39
1-2	즐한	준비3	텔레비전	52
1-2	정한	문법3	바나나	40
1-2	정한	문법3	커피	40
1-2	즐한	과제1	물건	51
1-2	즐한	과제1	친구	52
1-2	즐한	과제1	집	52
1-2	즐한	과제2	노트북	53
1-2	즐한	과제2	침대	54
1-2	정한	읽고 쓰기	우리	41
1-2	정한	읽고 쓰기	그리고	41
1-2	정한	읽고 쓰기	하지만	41
1-3	정한	어휘	공항	42
1-3	정한	어휘	기차역	42
1-3	정한	어휘	마트	42
1-3	정한	어휘	병원	42
1-3	정한	어휘	지하철역	42
1-3	정한	어휘	학교	42
1-3	정한	어휘	주민 자치 센터	42
1-3	정한	어휘	초등학교	42

단원	구분	위치	어휘	쪽
1-3	정한	어휘	마시다	43
1-3	정한	어휘	읽다	43
1-3	정한	어휘	자다	43
1-3	정한	어휘	공부하다	43
1-3	정한	어휘	가다	43
1-3	정한	어휘	타다	43
1-3	정한	어휘	우유	43
1-3	정한	어휘	물	43
1-3	정한	어휘	빵	43
1-3	정한	어휘	밥	43
1-3	즐한	준비1	죄송하다	58
1-3	즐한	준비1	박물관	58
1-3	즐한	준비1	저기	58
1-3	즐한	준비1	자동차	58
1-3	즐한	준비1	많다	58
1-3	즐한	준비1	적다	58
1-3	즐한	준비1	옷	58
1-3	즐한	준비1	크다	58
1-3	즐한	준비1	작다	58
1-3	즐한	준비2	아빠	59
1-3	즐한	준비2	엄마	59
1-3	즐한	준비2	공부(를) 하다	59
1-3	즐한	준비2	운동(을) 하다	59
1-3	정한	문법2	버스	45
1-3	즐한	준비3	누구	60
1-3	즐한	과제1	실례하다	61
1-3	즐한	과제1	화장실	61
1-3	즐한	과제1	감사하다	61
1-3	즐한	과제1	여기	61
1-3	즐한	과제1	편의점	62
1-3	즐한	과제1	다문화가족지원센터	62
1-3	즐한	과제1	정류장	62
1-3	즐한	과제1	공원	62
1-3	즐한	과제1	서점	62
1-3	즐한	과제1	맞은편	62
1-3	즐한	과제2	돕다	63
1-3	즐한	과제2	아내	63
1-3	즐한	과제2	사무실	63
1-3	즐한	과제2	찾다	64
1-3	즐한	과제2	곳	64
1-3	즐한	과제2	요리	64
1-3	즐한	과제2	일(work)	64

단원	구분	위치	어휘	쪽
1-3	즐한	과제2	보다	64
1-3	즐한	과제2	가르치다	64
1-4	정한	어휘	일어나다	48
1-4	정한	어휘	잠	48
1-4	정한	어휘	숙제(를) 하다	48
1-4	정한	어휘	음식	48
1-4	정한	어휘	만들다	48
1-4	정한	어휘	장(을) 보다	48
1-4	정한	어휘	샤워(를) 하다	48
1-4	정한	어휘	청소(를) 하다	48
1-4	정한	어휘	빨래(를) 하다	48
1-4	정한	어휘	사다	48
1-4	정한	어휘	약국	49
1-4	정한	어휘	은행	49
1-4	정한	어휘	미용실	49
1-4	즐한	준비1	주말	68
1-4	즐한	준비1	보통	68
1-4	즐한	준비1	앉다	68
1-4	정한	문법1	배우다	50
1-4	즐한	준비2	가게	69
1-4	정한	문법2	회사	51
1-4	정한	문법2	오늘	51
1-4	정한	문법2	지금	51
1-4	즐한	준비3	커피숍	70
1-4	즐한	준비3	식당	70
1-4	즐한	준비3	약	70
1-4	즐한	준비3	쉬다	70
1-4	즐한	과제1	아	71
1-4	즐한	과제1	그렇다	71
1-4	즐한	과제1	장소	72
1-4	즐한	과제1	머리	72
1-4	즐한	과제2	고향	74
1-4	정한	읽고 쓰기	남	53
1-4	정한	읽고 쓰기	여	53
1-5	정한	어휘	주스	54
1-5	정한	어휘	김치	54
1-5	정한	어휘	아이스크림	54
1-5	정한	어휘	교통	54
1-5	정한	어휘	지하철	54
1-5	정한	어휘	기차	54
1-5	정한	어휘	날씨	54
1-5	정한	어휘	덥다	54

단원	구분	위치	어휘	쪽
1-5	정한	어휘	춥다	54
1-5	정한	어휘	흐리다	54
1-5	정한	어휘	맵다	54
1-5	정한	어휘	짜다	54
1-5	정한	어휘	달다	54
1-5	정한	어휘	시다	54
1-5	정한	어휘	소금	54
1-5	정한	어휘	레몬	54
1-5	정한	어휘	재미있다	55
1-5	정한	어휘	재미없다	55
1-5	정한	어휘	맛없다	55
1-5	정한	어휘	편하다	55
1-5	정한	어휘	불편하다	55
1-5	정한	어휘	비싸다	55
1-5	정한	어휘	싸다(cheap)	55
1-5	정한	어휘	빠르다	55
1-5	정한	어휘	느리다	55
1-5	정한	어휘	쉽다	55
1-5	정한	어휘	어렵다	55
1-5	정한	어휘	가볍다	55
1-5	정한	어휘	무겁다	55
1-5	정한	어휘	비	55
1-5	정한	어휘	바람	55
1-5	정한	어휘	불다	55
1-5	정한	어휘	눈(snow)	55
1-5	즐한	준비1	아이	78
1-5	즐한	준비1	남편	78
1-5	즐한	준비1	일하다	78
1-5	정한	문법1	김밥	56
1-5	즐한	준비2	시험	79
1-5	즐한	준비2	여름	79
1-5	즐한	준비2	솜사탕	79
1-5	즐한	준비2	겨울	79
1-5	정한	문법2	김치찌개	57
1-5	즐한	준비3	생활	80
1-5	즐한	준비3	어떻다	80
1-5	즐한	준비3	봄	80
1-5	즐한	준비3	좋다	80
1-5	즐한	준비3	드라마	80
1-5	즐한	준비3	과일	80
1-5	정한	문법3	영화	58
1-5	즐한	과제1	조금(=좀)	81

단원	구분	위치	어휘	쪽
1-5	즐한	과제1	힘들다	82
1-5	즐한	과제1	고속열차	82
1-5	즐한	과제2	많이	84
1-5	즐한	과제2	아주	84
1-5	즐한	과제2	따뜻하다	84
1-5	즐한	과제2	시원하다	84
1-5	즐한	과제2	가을	84
1-5	정한	읽고 쓰기	반	59
1-5	정한	읽고 쓰기	열심히	59
1-5	정한	읽고 쓰기	친절하다	59
1-6	정한	어휘	일(1)	60
1-6	정한	어휘	이(2)	60
1-6	정한	어휘	삼	60
1-6	정한	어휘	사	60
1-6	정한	어휘	오	60
1-6	정한	어휘	육	60
1-6	정한	어휘	칠	60
1-6	정한	어휘	팔(8)	60
1-6	정한	어휘	구	60
1-6	정한	어휘	십	60
1-6	정한	어휘	몇	60
1-6	정한	어휘	월	60
1-6	정한	어휘	며칠	61
1-6	정한	어휘	일(day)	61
1-6	정한	어휘	무슨	61
1-6	정한	어휘	요일	61
1-6	정한	어휘	수요일	61
1-6	정한	어휘	하나	61
1-6	정한	어휘	둘	60
1-6	정한	어휘	셋	61
1-6	정한	어휘	넷	61
1-6	정한	어휘	다섯	61
1-6	정한	어휘	여섯	61
1-6	정한	어휘	일곱	61
1-6	정한	어휘	여덟	61
1-6	정한	어휘	아홉	60
1-6	정한	어휘	열(10)	61
1-6	정한	어휘	시	61
1-6	정한	어휘	분	61
1-6	즐한	준비1	생일	88
1-6	즐한	준비1	언제	88
1-6	즐한	준비1	다음	88

단원	구분	위치	어휘	쪽
1-6	즐한	준비1	주	88
1-6	즐한	준비1	월요일	88
1-6	즐한	준비1	화요일	88
1-6	즐한	준비1	목요일	88
1-6	즐한	준비1	금요일	88
1-6	즐한	준비1	토요일	88
1-6	즐한	준비1	일요일	88
1-6	정한	문법1	약속	62
1-6	즐한	준비2	비행기	89
1-6	즐한	준비2	반(30분)	89
1-6	즐한	준비2	여행	89
1-6	즐한	준비2	영화관	89
1-6	즐한	준비2	케이티엑스(KTX)	89
1-6	즐한	준비2	승차권	89
1-6	즐한	준비2	좌석	89
1-6	즐한	준비2	출구	89
1-6	정한	문법2	파티	63
1-6	정한	문법2	시작하다	63
1-6	즐한	준비3	바쁘다	90
1-6	즐한	준비3	돼지고기	90
1-6	즐한	준비3	질문	90
1-6	즐한	준비3	대답	90
1-6	즐한	준비3	같이	90
1-6	정한	문법3	고기	63
1-6	정한	문법3	소고기	63
1-6	정한	문법3	담배	63
1-6	정한	문법3	피우다	63
1-6	정한	문법3	좋아하다	63
1-6	즐한	과제1	시간	91
1-6	즐한	과제1	왜	91
1-6	즐한	과제1	그날	91
1-6	즐한	과제1	그래서	91
1-6	즐한	과제1	꼭	91
1-6	즐한	과제1	특별하다	92
1-6	즐한	과제1	날	92
1-6	즐한	과제1	날짜	92
1-6	즐한	과제1	가능	92
1-6	즐한	과제1	여부	92
1-6	즐한	과제1	모임	92
1-6	즐한	과제1	크리스마스	92
1-6	즐한	과제1	초대하다	92
1-6	즐한	과제1	알다	92

단원	구분	위치	어휘	쪽
1-6	즐한	과제2	영어	93
1-6	즐한	과제2	센터	93
1-6	즐한	과제2	운동	93
1-6	즐한	과제2	수업	94
1-6	즐한	과제2	점심	94
1-6	즐한	과제2	태권도	94
1-6	즐한	과제2	아르바이트	94
1-6	즐한	과제2	숙제	94
1-6	즐한	과제2	끝나다	94
1-6	즐한	과제2	내일	94
1-6	정한	읽고 쓰기	이번	65
1-6	정한	읽고 쓰기	회의	65
1-6	정한	읽고 쓰기	저녁	65
1-6	정한	읽고 쓰기	출장	65
1-7	정한	어휘	불고기	66
1-7	정한	어휘	삼겹살	66
1-7	정한	어휘	비빔밥	66
1-7	정한	어휘	된장찌개	66
1-7	정한	어휘	냉면	66
1-7	정한	어휘	햄버거	66
1-7	정한	어휘	삼계탕	66
1-7	정한	어휘	떡볶이	66
1-7	정한	어휘	피자	66
1-7	정한	어휘	치킨	66
1-7	정한	어휘	백	67
1-7	정한	어휘	천	67
1-7	정한	어휘	만	67
1-7	정한	어휘	얼마	67
1-7	정한	어휘	원(₩)	67
1-7	즐한	준비1	어서	98
1-7	즐한	준비1	쓰다(write)	98
1-7	즐한	준비1	드리다	98
1-7	즐한	준비1	주다	98
1-7	정한	문법1	줍다	68
1-7	정한	문법1	메뉴판	68
1-7	정한	문법1	좀	68
1-7	정한	문법1	잠깐	68
1-7	정한	문법1	기다리다	68
1-7	정한	문법1	쪽	68
1-7	정한	문법1	따라하다	68
1-7	즐한	준비2	개	99
1-7	즐한	준비2	병	99

단원	구분	위치	어휘	쪽
1-7	즐한	준비2	잔	99
1-7	즐한	준비2	그릇	99
1-7	즐한	준비2	마리	99
1-7	즐한	준비2	판	99
1-7	즐한	준비2	조각	99
1-7	즐한	준비2	사이다	99
1-7	즐한	준비2	콜라	99
1-7	정한	문법2	명	69
1-7	정한	문법2	사과	69
1-7	즐한	준비3	인분	100
1-7	즐한	준비3	공깃밥	100
1-7	정한	문법3	아침	70
1-7	정한	문법3	백화점	70
1-7	정한	문법3	요즘	70
1-7	정한	문법3	남자	70
1-7	정한	문법3	농구	70
1-7	즐한	과제1	분(사람)	101
1-7	즐한	과제1	메뉴	102
1-7	즐한	과제1	이쪽	102
1-7	즐한	과제1	음료	102
1-7	즐한	과제1	아주머니	102
1-7	즐한	과제1	주문하다	102
1-7	즐한	과제1	식사	102
1-7	즐한	과제1	찌개	102
1-7	즐한	과제1	주문표	102
1-7	즐한	과제2	반찬	103
1-7	즐한	과제2	더	103
1-7	즐한	과제2	영수증	104
1-7	즐한	과제2	품목	104
1-7	즐한	과제2	수량	104
1-7	즐한	과제2	금액	104
1-7	즐한	과제2	세트	104
1-7	즐한	과제2	합계	104
1-7	정한	읽고 쓰기	조금	71
1-7	정한	읽고 쓰기	입	71
1-7	정한	읽고 쓰기	입에 맞다	71
1-7	정한	읽고 쓰기	정말	71
1-8	정한	어휘	분식집	72
1-8	정한	어휘	채소	72
1-8	정한	어휘	생선	72
1-8	정한	어휘	시장	72
1-8	정한	어휘	배추	72

단원	구분	위치	어휘	쪽
1-8	정한	어휘	오이	72
1-8	정한	어휘	무	72
1-8	정한	어휘	배(pear)	73
1-8	정한	어휘	딸기	73
1-8	정한	어휘	수박	73
1-8	정한	어휘	깎다	73
1-8	정한	어휘	값	73
1-8	정한	어휘	근처	73
1-8	정한	어휘	통	73
1-8	즐한	준비1	그럼	108
1-8	즐한	준비1	문	108
1-8	즐한	준비1	열다	108
1-8	즐한	준비1	다시	108
1-8	즐한	준비1	받다	108
1-8	즐한	준비1	일어서다	108
1-8	즐한	준비1	준비하다	108
1-8	즐한	준비1	사진	108
1-8	즐한	준비1	찍다	108
1-8	즐한	준비1	케이크	108
1-8	정한	문법1	바꾸다	74
1-8	정한	문법1	넣다	74
1-8	정한	문법1	포장하다	74
1-8	정한	문법1	말씀하다	74
1-8	정한	문법1	모르다	74
1-8	정한	문법1	여보세요	74
1-8	정한	문법1	잠시	74
1-8	정한	문법1	듣다	74
1-8	즐한	준비2	사용하다	109
1-8	즐한	준비2	동전	109
1-8	즐한	준비2	버튼	109
1-8	즐한	준비2	누르다	109
1-8	즐한	준비2	습관	109
1-8	즐한	준비2	선물	109
1-8	즐한	준비2	카드	109
1-8	즐한	준비2	이(teeth)	109
1-8	즐한	준비2	닦다	109
1-8	즐한	준비2	샤워	109
1-8	정한	문법2	음악	75
1-8	정한	문법2	뽑다	75
1-8	정한	문법2	번호표	75
1-8	즐한	준비3	싱싱하다	110
1-8	정한	문법3	예쁘다	76

단원	구분	위치	어휘	쪽
1-8	정한	문법3	잘하다	76
1-8	정한	문법3	키	76
1-8	정한	문법3	와	76
1-8	정한	문법3	모두	76
1-8	정한	문법3	매일	76
1-8	즐한	과제1	단	112
1-8	즐한	과제1	또	112
1-8	즐한	과제1	가격	112
1-8	즐한	과제2	고기만두	113
1-8	즐한	과제2	김치만두	113
1-8	즐한	과제2	만두	114
1-8	즐한	과제2	순대	114
1-8	즐한	과제2	어묵	114
1-8	즐한	과제2	튀김	114
1-8	즐한	과제2	줄	114
1-8	즐한	과제2	나오다	114
1-8	즐한	과제2	어머	114
1-8	즐한	과제2	바구니	114
1-8	정한	읽고 쓰기	재래시장	77
1-8	정한	읽고 쓰기	국수	77
1-8	정한	읽고 쓰기	팔다	77
1-8	정한	읽고 쓰기	꽃	77
1-8	정한	읽고 쓰기	자주	77
1-9	정한	어휘	게임	88
1-9	정한	어휘	그림	88
1-9	정한	어휘	그리다	88
1-9	정한	어휘	기타	88
1-9	정한	어휘	치다	88
1-9	정한	어휘	낚시(를) 하다	88
1-9	정한	어휘	노래(를) 하다	88
1-9	정한	어휘	등산(을) 하다	88
1-9	정한	어휘	쇼핑(을) 하다	88
1-9	정한	어휘	여행(을) 하다	88
1-9	정한	어휘	요리(를) 하다	88
1-9	정한	어휘	춤	88
1-9	정한	어휘	추다	88
1-9	정한	어휘	피아노	88
1-9	정한	어휘	축구	89
1-9	정한	어휘	야구	89
1-9	정한	어휘	볼링	89
1-9	정한	어휘	배구	89
1-9	정한	어휘	스케이트	89

단원	구분	위치	어휘	쪽
1-9	정한	어휘	스키	89
1-9	정한	어휘	골프	89
1-9	정한	어휘	테니스	89
1-9	정한	어휘	배드민턴	89
1-9	즐한	준비1	느낌	118
1-9	즐한	준비1	시내	118
1-9	즐한	준비1	가족	118
1-9	즐한	준비1	외식(을) 하다	118
1-9	즐한	준비1	즐겁다	118
1-9	즐한	준비1	놀이터	118
1-9	즐한	준비1	놀다	118
1-9	즐한	준비1	피곤하다	118
1-9	즐한	준비1	노래방	118
1-9	즐한	준비1	노래	118
1-9	즐한	준비1	부르다	118
1-9	즐한	준비1	행복하다	118
1-9	즐한	준비1	한식당	118
1-9	즐한	준비1	식사(를) 하다	118
1-9	정한	문법1	전화(를) 하다	90
1-9	정한	문법1	어제	90
1-9	정한	문법1	일찍	90
1-9	정한	문법1	마을버스	90
1-9	정한	문법1	후	90
1-9	정한	문법1	요가	90
1-9	정한	문법1	오후	90
1-9	즐한	준비2	세수하다	119
1-9	정한	문법2	빌리다	91
1-9	정한	문법2	결혼하다	91
1-9	즐한	준비3	걷다	120
1-9	즐한	준비3	이유	120
1-9	즐한	준비3	닫다	120
1-9	즐한	준비3	너무	120
1-9	정한	문법3	라디오	92
1-9	즐한	과제1	산	121
1-9	즐한	과제1	혼자	121
1-9	즐한	과제1	자전거	122
1-9	즐한	과제1	소주	122
1-9	즐한	과제2	구경하다	123
1-9	즐한	과제2	전통	124
1-9	즐한	과제2	해변	124
1-9	즐한	과제2	수영(을) 하다	124
1-9	즐한	과제2	휴가	124

단원	구분	위치	어휘	쪽
1-9	즐한	과제2	작년	124
1-10	정한	어휘	그저께	94
1-10	정한	어휘	내일모레	94
1-10	정한	어휘	올해	94
1-10	정한	어휘	내년	94
1-10	정한	어휘	지난주	94
1-10	정한	어휘	오전	94
1-10	정한	어휘	전	94
1-10	정한	어휘	밤	94
1-10	정한	어휘	새벽	94
1-10	정한	어휘	정오	94
1-10	정한	어휘	쇼핑	95
1-10	정한	어휘	출발	95
1-10	정한	어휘	도착	95
1-10	정한	어휘	지난	95
1-10	정한	어휘	매주	95
1-10	정한	어휘	매달	95
1-10	정한	어휘	매년	95
1-10	정한	어휘	돌아오다	95
1-10	즐한	준비1	계획	128
1-10	즐한	준비1	놀이공원	128
1-10	즐한	준비1	도서관	128
1-10	정한	문법1	운동장	96
1-10	정한	문법1	야채	96
1-10	정한	문법1	함께	96
1-10	즐한	준비2	집안일	129
1-10	즐한	준비2	보기	129
1-10	즐한	준비2	부모님	129
1-10	정한	문법2	방학	97
1-10	정한	문법2	차(tea)	97
1-10	정한	문법2	시키다	97
1-10	정한	문법2	장난감	97
1-10	즐한	준비3	우체국	130
1-10	즐한	준비3	소포	130
1-10	즐한	준비3	보내다	130
1-10	즐한	준비3	환전(을) 하다	130
1-10	즐한	준비3	통장	130
1-10	즐한	준비3	산책하다	130
1-10	즐한	과제1	연휴	131
1-10	즐한	과제1	하루	131
1-10	즐한	과제1	기분	131
1-10	즐한	과제1	댁	131

단원	구분	위치	어휘	쪽
1-10	즐한	과제1	할머니	131
1-10	즐한	과제1	친척	132
1-10	즐한	과제1	바다	132
1-10	즐한	과제1	물놀이	132
1-10	즐한	과제2	박람회	133
1-10	즐한	과제2	목적	134
1-10	정한	읽고 쓰기	달(month)	99
1-10	정한	읽고 쓰기	아름답다	99
1-10	정한	읽고 쓰기	가깝다	99
1-10	정한	읽고 쓰기	두리안	99
1-11	정한	어휘	배(ship)	100
1-11	정한	어휘	오토바이	100
1-11	정한	어휘	택시	100
1-11	정한	어휘	고속버스	101
1-11	정한	어휘	터미널	101
1-11	정한	어휘	내리다	101
1-11	정한	어휘	갈아타다	101
1-11	정한	어휘	나가다	101
1-11	정한	어휘	호선	101
1-11	즐한	준비1	시청	138
1-11	즐한	준비1	행사	138
1-11	정한	문법1	라면	102
1-11	정한	문법1	케이팝(K-POP)	102
1-11	즐한	준비2	젓가락	139
1-11	즐한	준비2	인터넷	139
1-11	정한	문법2	손	103
1-11	정한	문법2	숟가락	103
1-11	정한	문법2	포크	103
1-11	정한	문법2	나이프	103
1-11	정한	문법2	신용 카드	103
1-11	정한	문법2	표	103
1-11	정한	문법2	연락하다	103
1-11	정한	문법2	계산하다	103
1-11	즐한	준비3	걸리다	140
1-11	정한	문법3	멀다	104
1-11	즐한	과제1	번	141
1-11	즐한	과제1	실례	142
1-11	즐한	과제2	세우다	144
1-11	정한	읽고 쓰기	교통수단	105
1-11	정한	읽고 쓰기	요금	105
1-11	정한	읽고 쓰기	환승	105
1-11	정한	읽고 쓰기	복잡하다	105

단원	구분	위치	어휘	쪽
1-11	정한	읽고 쓰기	길	105
1-11	정한	읽고 쓰기	오래	105
1-11	정한	읽고 쓰기	바퀴	105
1-11	정한	읽고 쓰기	택시 기사	105
1-11	정한	읽고 쓰기	이야기하다	105
1-11	정한	읽고 쓰기	수상	105
1-11	정한	읽고 쓰기	강	105
1-11	정한	읽고 쓰기	막히다	105
1-11	정한	읽고 쓰기	종류	105
1-11	정한	읽고 쓰기	항상	105
1-12	정한	어휘	한국말	106
1-12	정한	어휘	막걸리	106
1-12	정한	어휘	불친절하다	107
1-12	정한	어휘	편리하다	107
1-12	정한	어휘	나쁘다	107
1-12	정한	어휘	공부	107
1-12	즐한	준비1	외롭다	148
1-12	즐한	준비1	술	148
1-12	즐한	준비1	생선회	148
1-12	즐한	준비1	부산말	148
1-12	정한	문법2	중국어	109
1-12	정한	문법2	일본어	109
1-12	정한	문법2	운전(을) 하다	109
1-12	즐한	준비3	메시지	150
1-12	즐한	과제1	오랜만	151
1-12	즐한	과제1	이제	151
1-12	즐한	과제1	다행	151
1-12	즐한	과제1	흑돼지	152
1-12	즐한	과제2	회	154
1-12	즐한	과제2	태국어	154
1-12	정한	읽고 쓰기	힌디어	111
1-12	정한	읽고 쓰기	다니다	111
1-13	정한	어휘	빨갛다	112
1-13	정한	어휘	파랗다	112
1-13	정한	어휘	노랗다	112
1-13	정한	어휘	까맣다	112
1-13	정한	어휘	하얗다	112
1-13	정한	어휘	색	112
1-13	정한	어휘	파란색	112
1-13	정한	어휘	빨간색	112
1-13	정한	어휘	주황색	112
1-13	정한	어휘	노란색	112

단원	구분	위치	어휘	쪽
1-13	정한	어휘	초록색	112
1-13	정한	어휘	남색	112
1-13	정한	어휘	보라색	112
1-13	정한	어휘	운동화	113
1-13	정한	어휘	청소기	113
1-13	정한	어휘	축하금	113
1-13	정한	어휘	화장품	113
1-13	정한	어휘	목걸이	113
1-13	정한	어휘	한복	113
1-13	정한	어휘	지갑	113
1-13	정한	어휘	초콜릿	113
1-13	즐한	준비1	취업하다	158
1-13	즐한	준비1	만둣국	158
1-13	즐한	준비1	음	158
1-13	정한	문법1	가족사진	114
1-13	즐한	준비2	유명하다	159
1-13	즐한	준비2	바지	159
1-13	즐한	준비2	길다	159
1-13	즐한	준비2	셔츠	159
1-13	즐한	준비2	높다	159
1-13	즐한	준비2	코트	159
1-13	즐한	준비2	얇다	159
1-13	즐한	준비2	선글라스	159
1-13	즐한	준비2	어둡다	159
1-13	즐한	준비2	치마	159
1-13	즐한	준비2	밝다	159
1-13	정한	문법2	넓다	115
1-13	정한	문법2	돈	115
1-13	정한	문법2	아기	115
1-13	정한	문법2	문제	115
1-13	정한	문법2	깨끗하다	115
1-13	정한	문법2	사이즈	115
1-13	즐한	준비3	배(stomach)	160
1-13	즐한	준비3	아프다	160
1-13	즐한	준비3	늦다	160
1-13	즐한	준비3	지각하다	160
1-13	즐한	준비3	웃다	160
1-13	정한	문법3	사랑하다	116
1-13	정한	문법3	입다	116
1-13	즐한	과제1	인기	161
1-13	즐한	과제1	상가	161
1-13	즐한	과제1	추천	162

단원	구분	위치	어휘	쪽
1-13	즐한	과제2	건강	163
1-13	즐한	과제2	홍삼	163
1-13	즐한	과제2	추천하다	164
1-13	즐한	과제2	특징	164
1-13	즐한	과제2	결혼	164
1-13	즐한	과제2	꽃다발	164
1-13	즐한	과제2	생신	164
1-13	정한	읽고 쓰기	어머니	117
1-13	정한	읽고 쓰기	화장	117
1-13	정한	읽고 쓰기	아버지	117
1-14	정한	어휘	우표	118
1-14	정한	어휘	붙이다	118
1-14	정한	어휘	편지	118
1-14	정한	어휘	부치다	118
1-14	정한	어휘	주소	118
1-14	정한	어휘	무게	118
1-14	정한	어휘	재다	118
1-14	정한	어휘	상자	118
1-14	정한	어휘	박스	118
1-14	정한	어휘	고르다	118
1-14	정한	어휘	무게	118
1-14	정한	어휘	기간	119
1-14	정한	어휘	연락처	119
1-14	즐한	준비1	인형	168
1-14	즐한	준비1	딸	168
1-14	즐한	준비1	문자	168
1-14	즐한	준비1	여자	168
1-14	즐한	준비1	선물하다	168
1-14	즐한	준비1	아들	168
1-14	정한	문법1	고양이	120
1-14	정한	문법1	이메일	120
1-14	정한	문법1	꽃집	120
1-14	즐한	준비2	다리	169
1-14	즐한	준비2	저금하다	169
1-14	즐한	준비2	취직	169
1-14	즐한	준비2	사업	169
1-14	즐한	준비2	살다	169
1-14	정한	문법2	고프다	121
1-14	정한	문법2	질문하다	121
1-14	즐한	준비3	빨리	170
1-14	즐한	준비3	집들이	170
1-14	즐한	준비3	단어	170

단원	구분	위치	어휘	쪽
1-14	즐한	준비3	외우다	170
1-14	즐한	준비3	미리	170
1-14	정한	문법3	말(을) 하다	122
1-14	정한	문법3	아파트	122
1-14	정한	문법3	쓰레기	122
1-14	정한	문법3	버리다	122
1-14	정한	문법3	먼저	122
1-14	정한	문법3	깨지다	122
1-14	즐한	과제1	비닐	171
1-14	즐한	과제1	싸다(wrap)	171
1-14	즐한	과제1	그다음	171
1-14	즐한	과제1	테이프	171
1-14	즐한	과제1	포장	171
1-14	즐한	과제1	방법	171
1-14	즐한	과제1	냄새	172
1-14	즐한	과제1	나다	172
1-14	즐한	과제1	봉투	172
1-14	즐한	과제1	들다	172
1-14	즐한	과제1	꿀	172
1-14	즐한	과제1	여러	172
1-14	즐한	과제1	종이	172
1-14	즐한	과제1	김	172
1-14	정한	읽고 쓰기	배달	123
1-14	정한	읽고 쓰기	아저씨	123
1-14	정한	읽고 쓰기	위층	123
1-14	정한	읽고 쓰기	놀라다	123
1-14	정한	읽고 쓰기	슬프다	123
1-14	정한	읽고 쓰기	얼굴	123
1-14	정한	읽고 쓰기	실수하다	123
1-15	정한	어휘	목	124
1-15	정한	어휘	팔	124
1-15	정한	어휘	발	124
1-15	정한	어휘	콧물	125
1-15	정한	어휘	기침	125
1-15	정한	어휘	열	125
1-15	정한	어휘	피	125
1-15	정한	어휘	반창고	125
1-15	정한	어휘	알약	125
1-15	정한	어휘	연고	125
1-15	정한	어휘	물약	125
1-15	정한	어휘	바르다	125
1-15	즐한	준비2	들어가다	179

단원	구분	위치	어휘	쪽
1-15	즐한	준비2	들어오다	179
1-15	정한	문법3	일주일	128
1-15	정한	문법3	추석	128
1-15	즐한	과제1	약사	181
1-15	즐한	과제1	손님	182
1-15	즐한	과제1	증상	182
1-15	즐한	과제1	처방	182
1-15	즐한	과제2	감기	183
1-15	즐한	과제2	걸리다	183
1-15	즐한	과제2	찬물	183
1-15	즐한	과제2	환자	184
1-15	즐한	과제2	몸살	184
1-15	즐한	과제2	배탈	184
1-15	즐한	과제2	독감	184
1-15	즐한	과제2	외출	184
1-15	정한	읽고 쓰기	내복약	129
1-15	정한	읽고 쓰기	님	129
1-15	정한	읽고 쓰기	회	129
1-15	정한	읽고 쓰기	매	129
1-15	정한	읽고 쓰기	마다	129
1-15	정한	읽고 쓰기	복용	129
1-15	정한	읽고 쓰기	포	129
1-15	정한	읽고 쓰기	정	129
1-15	정한	읽고 쓰기	씩	129
1-15	정한	읽고 쓰기	용법	129
1-16	정한	어휘	누가	130
1-16	정한	어휘	연락(을) 하다	130
1-16	정한	어휘	코미디	131
1-16	정한	어휘	공상 과학	131
1-16	정한	어휘	로맨스	131
1-16	정한	어휘	애니메이션	131
1-16	정한	어휘	한식	131
1-16	정한	어휘	양식	131
1-16	정한	어휘	중식	131
1-16	정한	어휘	일식	131
1-16	정한	문법1	오래간만	132
1-16	즐한	준비2	제안	189
1-16	즐한	준비2	더럽다	189
1-16	정한	문법2	대사관	133
1-16	정한	문법2	다른	134
1-16	즐한	준비3	메모하다	190
1-16	즐한	준비3	퇴근	190

단원	구분	위치	어휘	쪽
1-16	즐한	준비3	정리하다	190
1-16	정한	문법3	예약하다	135
1-16	정한	문법3	호텔	135
1-16	즐한	과제1	거절	192
1-16	즐한	과제1	그냥	192
1-16	즐한	과제1	배달시키다	192
1-16	즐한	과제1	별로	192
1-16	즐한	과제1	시부모님	192
1-16	즐한	과제1	정문	192
1-16	즐한	과제2	생각	193
1-16	즐한	과제2	준비물	194
1-16	즐한	과제2	음료수	194
1-16	즐한	과제2	과자	194
1-16	즐한	과제2	입구	194
1-16	즐한	과제2	돗자리	194
1-16	즐한	과제2	다	194
1-16	정한	읽고 쓰기	임시	136
1-16	정한	읽고 쓰기	저장	136
1-16	정한	읽고 쓰기	제목	136
1-16	정한	읽고 쓰기	콘서트	136
1-16	정한	읽고 쓰기	장	136
1-16	정한	읽고 쓰기	답장하다	136
1-16	정한	읽고 쓰기	뮤지컬	137
1-16	정한	읽고 쓰기	공연	137